Witze zur Wahl '13

Jacky Dreksler
Hugo Egon Balder

PACIFIC
PRODUCTIONS

Foto: Noemi Dreksler

Die Autoren

Hugo Egon Balder ist Moderator (Genial daneben, Hit-Giganten), Fernsehproduzent, Schauspieler, Kabarettist und Musiker. Ab 1973 gehörte er zum festen Ensemble des Berliner Schillertheaters und ab 1985 zusammen mit Harald Schmidt zum Ensemble des Düsseldorfer Kabaretts »Kom(m)ödchen«. Jetzt, im Wahljahr, macht er wieder verstärkt, was viele Politiker machen: er spielt Theater.

Jacky Dreksler war Chemielaborant, Gymnasiallehrer, Segellehrer, Comicautor und Journalist. Er schrieb Lehrbücher für Gitarre und Keyboard. 1984 wurde er Fernsehautor und 1991 Fernsehproduzent (u.a. Schreinemakers Live). Er schrieb Schlager und Chansons für Stars wie Heino, Roland Kaiser und Charles Aznavour.

Die beiden Freunde lernten sich 1983 beim Radio kennen, wo sie als Gag-Autoren arbeiteten. Sie haben zusammen Schlager getextet und komponiert und später TV Sendungen wie »Alles nichts oder« erfunden. Gemeinsam produzierten sie diverse Fernsehshows, unter anderem die Comedy-Kultsendung »RTL-Samstag Nacht«. In ihrem gemeinsamen Buch »Wunsch-Bullshit im Universum« setzten sie sich satirisch-kritisch mit Esoterikbüchern wie Rhonda Byrnes »The Secret« auseinander. Beide leben in Köln. Und das ist gut so.

»Das Jahr 2013
ist das Jahr
der Höflichkeit
und des Anstands.«
– *Philipp Rösler*

Liebe Leser und Leserinnen
draußen an den Büchern
und Bücherinnen!

Germany's Next Bundeskabinett steht vor der Wahl – und wir auch. Wenn es wahr ist, dass die politische Kultur eines Landes sich in den politischen Witzen widerspiegelt – dann, Grundgütiger, hilf: Es gibt keine mehr.

Nachdem die Ostzone in Frieden ruht, nachdem Kohl und die Buschdynastie ihrer Apotheose entgegendämmern und nachdem Angela Merkiavelli nach acht Jahren Provinzfürsten-Bashing jeden nennenswerten Widerspruch in Ketten geschlagen hat – nach all dem fehlen die Reibflächen, an denen sich früher der politische Witz entzündet hat.

Wir haben gesammelt, was noch da war, haben das Material aktualisiert, poliert und guttenbergisiert. Wenn Ihnen dabei nichts Gutes schavant: Einige Gags haben wir selber gebastelt. Schließlich mussten wir die zur Verfügung stehenden Seiten ja irgendwie voll kriegen.

Wir könnten noch viel zu diesen Themen sagen, wenn uns etwas einfiele. Das ist leider nicht der Fall, und darum werden wir dieses Vorwort einfach nicht zu Ende

Wählen Sie wohl.

Jacky Dreksler und Hugo Egon Balder
im Wahljahr 2013

1. Murphy-Gesetz zur Wahl
Alles, was gut beginnt, endet schlecht.
Alles, was schlecht beginnt, endet furchtbar.

Einigkeit

und recht viel Freizeit

Mal ne Frage

Ein Schwuler, ein Behinderter, ein Asiate und eine dicke Ostdeutsche kommen in eine Berliner Kneipe.
Wundert sich ein Stammgast: »Was seid ihr denn für ein komischer Verein?«
»Wir sind die Bundesregierung.«

❁

Im Kanzleramt

Angela Merkel zu Kanzleramtschef Pofalla: »Ich will in diesem Laden keine Jasager um mich haben. Wenn ich Nein sage, sollen alle anderen auch Nein sagen.«

❁

Problem

Das einzige, was für die Regierung spricht, ist der Regierungssprecher.

❁

Anything goes

Alles ist möglich, wenn du nicht weißt, wovon du redest.

Deutschland sinkt

Germanys Song

Angie – The Rolling Stones

Finanzminister-Logik

Schäubles Frau Ingeborg schaut in den Brotkasten: »Schatz, wir haben kein Brot mehr, fahr doch mal schnell zum Supermarkt und hol eins.«
»Isch gut.«
»Und wenn sie Eier haben, bring zehn Stück mit.«
»Isch gut.«
Nach kurzer Zeit kommt Schäuble mit zehn Broten wieder zurück.
Ingeborg: »Wolfgang, warum hast du denn zehn Brote gekauft?«
Er: »Schatz, sie *hatten* Eier.«

Glückwunsch

Geburtstags-Mail der FDP-Fraktion an FDP-Vizekanzler Rösler:
»Die Fraktion gratuliert Dir herzlich mit 50 zu 40 Stimmen bei drei Enthaltungen.«

Wohnzimmergespräch

Bei einem seiner Wohnzimmergespräche erklärt Steinbrück der Familie:
»Wenn ich Kanzler bin, sorge ich vor allem für mehr Arbeitsplätze.«
Der Familienvater: »Ich habe das Gefühl, dass Sie lügen.«
Steinbrück: »Natürlich lüge ich. Aber lassen Sie mich ausreden.«

Anagramm

Anagramm für »Die Hauptstadt Berlin«: BIN LEIDER HAUPTSTADT

Trittin

»Warum spielt Jürgen Trittin so ungern Verstecken?«
»Hm, weil er so groß ist?«
»Nein, weil ihn niemand sucht.«

Personalien

Rösler

Das einzige, was bei Philipp Rösler überdacht ist, ist sein Büro.

Steinbrück

Peer Steinbrück zeigt gerne die Faust, damit keiner sieht, dass er nichts in der Hand hat.

Rösler

Bei der Rede von Vizekanzler Philip Rösler beneidete ich zum ersten Mal meine Füße. Sie waren eingeschlafen.

Guttenberg

Der »vorerst gescheiterte« Karl-Theodor zu Guttenberg macht beim Kennenlernen immer erst einen schlechten Eindruck, verliert dann aber bei näherer Bekanntschaft.

Lafontaine

Oskar Lafontaines Prophezeiungen stimmen immer. Nur die tatsächlichen Entwicklungen sind manchmal falsch.

Plappern
gehört zum Handwerk

Vogelscheisse
Als ein Assistent Schäuble zur Limousine rollt, kackt eine Taube auf den Finanzminister.
»Ich hole schnell Toilettenpapier«, sagt sein Assistent.
»Wozu denn, Sie Idiot«, raunzst Schäuble, »Das Vieh ist doch schon meilenweit weg!«

Angies Liebesbeweis
Westerwelle: »Heute hat die Merkel nach langer Zeit endlich wieder mit mir geredet.«
»Und was hat sie gesagt?«
»Halt's Maul!«

Lug und Trug
Zwei Männer besaufen sich spätnachts in einer Bar.
»Was treibst du denn beruflich so?«
»Ich lüge und betrüge und verspreche das Blaue vom Himmel runter.«
»Interessant. Ich bin auch Politiker – in welcher Partei bist du denn?«

Deutschland sinkt
Muss nur noch kurz
Die Welt retten
Danach flieg ich
Zu dir
Angelas Song
Tim Bendzko

Angelas Wunsch

Angela Merkel geht spazieren. Plötzlich stolpert sie über eine alte Flasche, hebt sie auf und reibt an ihr – man kann ja nie wissen. Und tatsächlich: Ein Dschinn erscheint.

»Gebiete, Herrin! Du hast einen Wunsch frei.«

Angela holt eine Landkarte aus ihrer Handtasche: »Hier, schau dir den Mittleren Osten an! Mach, dass all diese Völker sich lieben. Ich möchte als Friedensbringerin in die Geschichte eingehen.«

»Wie soll das funktionieren? Diese Völker bekriegen sich seit tausenden von Jahren. Da bin selbst ich machtlos. Wünsch dir was Anderes.«

»Gut, dann möchte ich, dass ich so aussehe wie Heidi Klum.«

Der Dschinn stößt einen langen Seufzer aus: »Kann ich die Karte nochmal sehen?«

Steinbrück zeugt

Peer Steinbrück ist als Zeuge vor Gericht. Der Richter: »Wie heißen Sie?«

»Peer Steinbrück.«

»Was machen Sie beruflich?«

Peer nuschelt etwas Unverständliches.

»Sie müssen schon etwas lauter reden.«

»Also gut: Ich bin der beste Politiker Deutschlands!«

Nach der Gerichtsverhandlung bestürmen ihn die Genossen.

»Peer, wie kannst du so was sagen? Das gibt wieder'n Shitstorm in der Presse!«

»Leute, ich musste einfach die Wahrheit sagen. Ich stand doch unter Eid!«

Team Schäuble

Schäuble zu einem Mitarbeiter: »Ihre Art, sich von mir nicht einschüchtern zu lassen, gefällt mir. Sie sind offen, Sie sind aufrichtig, Sie sind entlassen.«

Politische Gedichte

Die Regierung spart
Die Regierung will jetzt sparen.
Sagt sie uns. Sie hat die Stirn.
Wisst ihr wie? Nein? Zwölf Minister
teilen sich ab jetzt ein Hirn.

Zitterpartie
»Ich will«, so sprach die Angela,
»dem Volk mein Bestes geben.«
Ach, Angela, das ist es doch,
wovor wir alle beben.

Klugheit
Denn für dieses Leben
Ist der Mensch nicht schlau genug.
Niemals merkt er eben
Allen Lug und Trug.
(Aus: Bertold Brecht - Lied von der Unzulänglichkeit menschlichen Strebens)

Sommergedicht
Mit Frischem füllen sich die Keller.
Es sinkt der Öl-und Lichtverbrauch.
Die Nächte werden hell und heller.
Der Tag nimmt zu, Frau Merkel auch.
(nach Heinz Erhardt)

Reden
habe kurze Beine

Doktorarbeit
Bildungsministerin Annette Schavan wird vorgeworfen, ihre Doktorarbeit »Person und Gewissen: Studien zu Voraussetzungen, Notwendigkeit und Erfordernissen heutiger Gewissensbildung« nicht ganz allein geschrieben zu haben. Ihr theologisches Wissen wird darum auf Herz und Nieren geprüft.
Der Prüfer: »Wie heißt der bedeutende Theologe, der 1517 seine 95 Thesen an die Tür der Schlosskirche zu Wittenberg genagelt hat?«
»Tja … öhm …«
»Denken Sie nach.«
»Hm … Ich komm nicht drauf, ich hab's auf der Zunge …«
Nach einer Viertelstunde wird der Prüfer nervös: »Martin Luther!«
Die Bildungsministerin steht auf und geht zur Tür.
»Wo wollen Sie denn hin, Frau Ministerin?«
»Ich dachte, sie hätten den Nächsten aufgerufen.«

Gott
Wenn Gott gewollt hätte, dass wir wählen gehen, hätte er uns Kandidaten gegeben.

Alligatoren

Ein großer und ein kleiner Alligator unterhalten sich.
»Wieso bist du so viel größer als ich? Wir sind ungefähr gleich alt und hatten die gleiche Größe, als wir jung waren.«
»Wovon ernährst du dich?«
»Von Politikern – genau wie du.«
»Was machst du mit ihnen, wenn du sie gefangen hast?«
»Ich packe sie, schüttle sie bis die Scheiße aus ihnen heraus kommt, und dann fresse ich sie.«
Der große Alligator nickt: »Dein Problem ist Mangelernährung. Sieh mal, wenn du mit der Schüttelei fertig bist, bleibt doch nichts weiter übrig, als ein Aktenkoffer und ein Arschloch.«

Bitte

Manchen Politikern müsste man das Mundwerk legen.

Herrenwitz

Rainer Brüderle steht mit einer Journalistin nachts an der Bar. Nach ein paar Gläsern Wein schaut Brüderle der Schönheit tief in die Augen.
»Na, meine Liebe,« charmiert Brüderle, »wir beide wollen jetzt doch bestimmt dasselbe!«
»Natürlich, Rainer«, flötet sie, »lass uns ein paar Frauen aufreißen.«

Happiness

Geld allein macht nicht glücklich. Es muss uns auch gehören.

Lebenshaltungskosten

Bei uns ist es nicht teuer. Wir haben nur zu wenig Geld.

Guttenberg beim Papst

Privataudienz beim Papst. Ex-Doktor Karl-Theodor zu Guttenberg geht auf die Knie.

»Heiliger Vater, können Sie mich nicht heilig sprechen? Das würde meine Rückkehr in die deutsche Politik sehr erleichtern.«

Der Papst schüttelt den Kopf: »Das kann ich erst tun, wenn du tot bist, mein Sohn.«

»Gibt es keine andere Möglichkeit, Heiliger Vater?«

»Doch! Wenn du dich scheintot stellst, kann ich dich scheinheilig sprechen.«

Filmball

Auf einem Berliner Filmball schüttelt der italienische Außenminister die Hand von Ex-Bundespräsident Christian Wulff: »Ich habe schon viel von Ihnen gehört, Herr Dr. Wulff!«

»Mag sein, aber können Sie irgendwas davon beweisen?«

Wiedergeburt

Westerwelle und Merkel sterben und werden als Hasen wiedergeboren. Als sie auf einer Lichtung grasen, schnappt plötzlich eine Falle zu – Westerwelle hängt mit einer Pfote fest. Gemeinsam versuchen sie, ihn zu befreien. Keine Chance. Plötzlich hört man Schüsse. Merkel-Häschen hüpft aufgeregt hin und her:

»Die Jäger! Die Jäger kommen! Es hilft nichts, du musst dir das Bein abnagen, Guido!«

Merkel hüpft davon und ruft Guido zu, er solle nagen, was das Zeug hält. Nach einer Weile dreht sie sich um: »Guido, wo bleibst du denn? Gleich sind die Jäger da! Nagen, nagen, nagen!«

Guido ruft verzweifelt: »Du hast gut reden. Ich hab mir schon drei Beine abgenagt und häng immer noch fest.«

Deutschland sinkt
Ein Freund
Ein guter Freund
Das ist das Schönste
Was es gibt
Auf der Welt
Rainers Song
Comedian Harmonists

Für alles offen

also nicht ganz dicht

Honorar

Peer Steinbrück steht das Honorar ins Gesicht geschrieben.

Wahl in Sachsen

Bundestagswahl in einem sächsischen Dörfchen. Walter bekommt vom Wahlleiter einen Umschlag. Der zeigt auf die Urne.
»Da rein!«
Walter will den Umschlag öffnen.
»Zulassen! Da rein!«
»Aber ich muss doch mein Kreuzchen machen.«
»Schon geschehen. Da rein!«
»Aber ich will doch wenigstens wissen, wen ich gewählt hab.«
Walter reißt den Wahlbrief auf. Da haut ihm der Wahlleiter auf die Finger: »Zulassen! Noch nie was von geheimer Wahl gehört?«

Fortschritt

Es ist erreicht: Eine Tüte eingekaufter Waren ergeben zwei volle Tüten Verpackungsmüll.

Unterschiede

Was ist der Unterschied zwischen einer Prepaid-Karte und der Bundestagswahl? Bei der Prepaid–Karte zahlt man zuerst und wählt dann.

Was ist der Unterschied zwischen einem Luftballon und Steinbrücks Konzept für den Bankenrettungsschirm? Der Luftballon steigt leise und platzt laut ...

Was ist der Unterschied zwischen der FDP und Dinosauriern? Die Dinosaurier *sind* schon ausgestorben.

Was ist der Unterschied zwischen dem Messias und Angela? Der Messias kommt und kommt nicht und Angela geht und geht nicht.

Was ist der Unterschied zwischen einem Theater und unserer Regierung? Im Theater werden gute Schauspieler schlecht bezahlt!

Was ist der Unterschied zwischen den Piraten und einer kriminellen Vereinigung? Eine kriminelle Vereinigung ist organisiert.

Erschiessungskommando

Bei einer Reise durch Kolumbien werden Merkel, Steinbrück und Westerwelle von einer linksgerichteten Guerilla-Truppe festgenommen und an die Wand gestellt.
Während das Erschießungskommando angerückt, flüstert Merkel: »Präsident Santos hat mir gestern erzählt, dass die Burschen Angst vor Naturgewalten haben und zum Beispiel bei einem Hurrikan blindlings davonlaufen.«
Da ertönt die Stimme des Kommandanten: »Leeeegt an … zielt …«
Merkel ruft: »Hurrikan!«
Das Erschießungskommando läuft in wilder Panik davon. Merkel nutzt die Chance und verdrückt sich. Dann kommen die Guerilleros zurück.
»Leeeegt an … zielt …«
Steinbrück ruft: »Überschwemmung!«
Wieder stieben die Soldaten panisch davon. Steinbrück sucht schnell das Weite. Doch schon kommen die Soldaten zurück.
»Leeeegt an … zielt …«
Westerwelle reagiert blitzschnell, wie gewohnt: »Feuer!«

Verschluckt

CDU-Generalsekretär Gröhe und Kanzleramtsminister Pofalla treffen sich im Magen von Angela Merkel. Sagt Gröhe: »Hast du gesehen, wie die mich einfach geschluckt hat?«
Pofalla: »Keine Ahnung, ich bin von der anderen Seite gekommen.«

CSU-Klo

»Wo ist denn hier die Toilette?« fragt ein Besucher in der Münchner CSU-Zentrale.
»Hier gibt's keine Toilette. Hier bescheißt jeder jeden.«

Glühbirnen-Wechsel

Wieviele Mitglieder der Regierungskoalition …
braucht man, um eine Glühbirne zu wechseln? Drei. Einer wechselt die Birne, einer macht die Opposition für das Durchbrennen verantwortlich und einer schiebt dem Koalitionspartner die Schuld zu.

Wie viele emanzipierte Frauen …
in Kristina Schröders Familienministerium braucht man, um eine Glühbirne zu wechseln? Beide.

Wieviele Wirtschaftsweise …
braucht man, um eine Glühbirne zu wechseln? Keinen. Es gibt keinen Grund, die Glühbirne auszuwechseln. Alle Bedingungen zum Leuchten sind erfüllt. Aktuelle Gutachten zeigen eine zunehmendes Vertrauen darin, dass die Glühbirne wieder anfangen wird zu leuchten.

Wieviele FDPler …
braucht man, um eine Glühbirne zu wechseln? Keinen. Wenn die Glühbirne wirklich hätte ausgewechselt werden müssen, dann hätten das die Kräfte des freien Marktes schon längst erledigt. Wenn nur die Regierung die Glühbirne in Ruhe ließe, würde sie sich von selbst einschrauben.

Wieviele Bundestagsabgeordnete …
braucht man, um eine Glühbirne zu wechseln? Wir sind nicht bereit und in der Lage, zu diesem Zeitpunkt genaue Zahlen zu nennen.

Wieviele Feministinnen …
braucht man, um eine Glühbirne zu wechseln? – Das ist nicht lustig.

In Wirklichkeit
ist die Realität ganz anders

Bild-Journalist

Peer Steinbrück macht Wahlkampf auf einem Bauernhof und lädt dazu die Presse ein. Als Peer sieht, dass ein Fotograf der Bild-Zeitung ihn im Schweinestall fotografiert, meint er: »Dass ihr mir aber nicht wieder so blöde Bildunterschriften macht wie ‚Peer und die Schweine'!«
»Versprochen, Herr Steinbrück!«
Am nächsten Tag ist das Bild in der Zeitung. Darunter steht: »Steinbrück (3. v. l.).«

Treibjagd

Merkel und Steinbrück bei einer Treibjagd. Sie schießen einen kapitalen Zwölfender. Schweißüberströmt schleppen sie den Hirsch mit dem Geweih voran zum Sammelplatz. Ein Treiber rät ihnen:
»Wenn Sie das Tier andersrum ziehen, geht's leichter, weil sich das Geweih dann nicht in den Boden gräbt.«
Sie entscheiden sich, dem Rat des Treibers zu folgen. Nach einer halben Stunde Schufterei meint Merkel: »Geht wirklich einfacher.«
Aber Steinbrück gibt zu bedenken: »Richtig, Angela. Aber wir entfernen uns immer weiter vom Sammelplatz.«

Deutschland sinkt

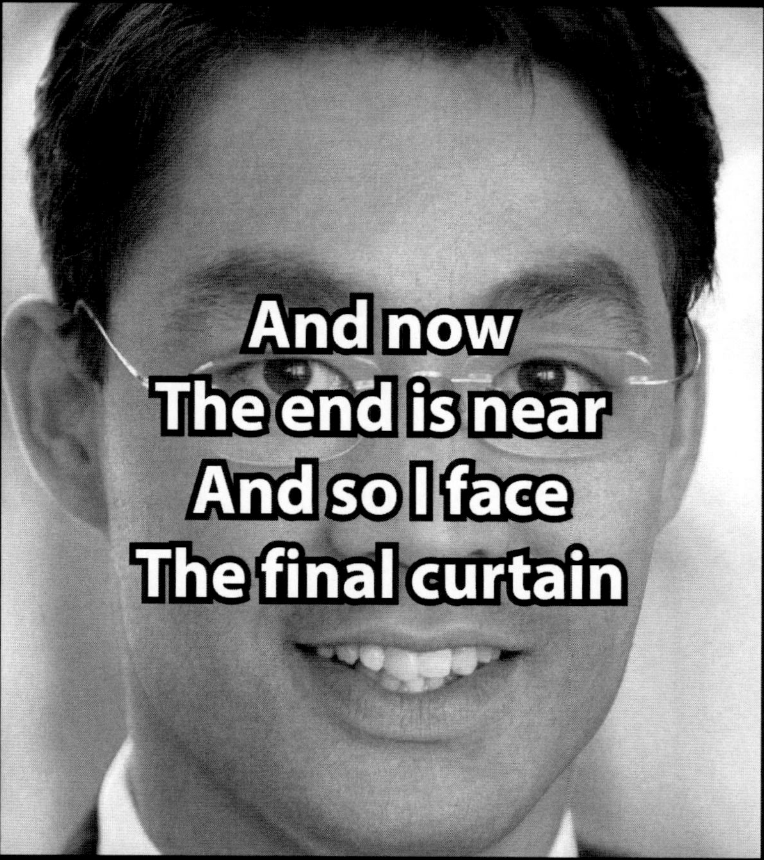

Philipps Song

My Way – Frank Sinatra

Warenangebot
Politiker will keiner geschenkt haben. Zum Glück sind sie käuflich.

❁

Warentausch
Finanzminister Wolfgang Schäuble rollt in ein Café und bestellt ein Stück Sahnekuchen. Der Kellner bringt es, aber Schäuble schüttelt den Kopf.
»Nehmen Sie den Sahnekuchen wieder mit, und bringen Sie mir lieber ein Stück Erdbeer-Torte.«
Der Kellner bringt die Erdbeer-Torte. Schäuble schlingt den Kuchen runter und will rausrollen.
»Moment, Herr Schäuble, Sie haben die Erdbeer-Torte noch nicht bezahlt.«
»Dafür hab ich Ihnen doch den Sahnekuchen gegeben.«
»Den haben sie doch auch nicht bezahlt.«
»Wozu, den hab ich ja auch nicht gegessen.«

❁

Gerechtigkeit siegt
Anshu Jain und Jürgen Fitschen, die beiden Co-Chefs der Deutschen Bank, bekommen von ihrem Prozess-Anwalt eine SMS: »Die gerechte Sache hat gesiegt.«
Gleich schreiben sie zurück: »Sofort Berufung einlegen!«

❁

Ausgerutscht
In Köln ist ein alter Mann ausgerutscht und auf die Straße gefallen. Guido Westerwelle kommt zufällig vorbei und hilft dem Ärmsten auf die Beine.
Leutselig scherzt er: »Dafür müssen sie aber jetzt die FDP wählen.«
»Lieber Herr Westerwelle«, sagt der Greis, »ich bin auf den Rücken, nicht auf den Kopf gefallen.«

Frage & Antwort

Frage: Was benutzt Steinbrück als Verhütungsmittel?
Antwort: Seine Persönlichkeit.

Frage: Was hast du, wenn 100 Politiker bis zum Hals im Sand stecken?
Antwort: Nicht genug Sand.

Frage: Was ist der Unterschied zwischen einen toten Hund auf der Straße und einem toten Politiker auf der Straße?
Antwort: Vor dem Hund sind Bremsspuren.

Frage: Was haben Politiker und Spermien gemeinsam?
Antwort: Einer von 10.000 hat die Chance, ein menschliches Wesen zu werden.

Frage: Warum hassen viele Politiker ihre Ehefrauen?
Antwort: Weil die nicht alles schlucken, was ihre Männer von sich geben.

Frage: Was ist der Unterschied zwischen Politikern und Astronauten?
Antwort: Wenn Astronauten unten sind und einen Fehler machen, kommen Sie nie nach oben. Sind Sie oben und machen einen Fehler, kommen Sie nicht mehr runter.

Frage: Was ist der Unterschied zwischen der Sahara und unserer Regierung?
Antwort: Es gibt keinen. In beiden halten die Kamele am längsten durch.

Frage: Was ist der Unterschied zwischen Nachwuchs-Politikern und einer Champignion-Zucht?
Antwort: Es gibt keinen. Sobald sich ein helles Köpfchen zeigt, wird es sofort abgeschnitten.

Mit leerem Kopf
nickt es sich leichter

Zaudernde Zonenzicke

Es hat den ganzen Tag geschneit. Spät abends kommt Angela Merkel von einer Wahlkampfreise in ihr Büro, schaut aus dem Fenster und erschrickt: Jemand hat »Merkel ist eine zaudernde Zonenzicke« in den Schnee gepinkelt. Sofort ruft sie den Bundesnachrichtendienst zu Hilfe. Am nächsten Morgen erscheint BND-Präsident Gerhard Schindler in Angies Büro.

»Frau Bundeskanzlerin, wir haben alles gründlich untersucht. Ich würde empfehlen, die Sache zu vertuschen.«

»Warum?«

»Der Urin ist von Trittin.«

»Ja, der hasst mich. Ich will trotzdem, dass der Fall aufgeklärt wird.«

»Ich rate ab, Frau Bundeskanzlerin. Die Handschrift ist nämlich von Kristina Schröder.«

Schlankheitsmittel

Wollen Sie schlank werden?

Wählen Sie die FDP.

Denn die FDP-Wähler nehmen derzeit schnell ab.

Kanzlerhobby

Angela Merkel will einen arbeitslosen Architekten trösten:
»Wenn ich nicht Kanzlerin wäre, würde ich Häuser bauen.«
Meint der Architekt:
»Wenn Sie nicht Kanzlerin wären, würde ich das auch tun.«

Ferkeleien

Die Dämmerung sinkt hernieder. Oskar Lafontaine liegt mit seiner jungen Freundin Sahra Wagenknecht auf der linken Seite des Kingsize-Bettes. Franz Müntefering liegt mit seiner jungen Frau Michelle auf der rechten Seite.
Sie werfen sich vielsagende Blicke zu. Oskar und Sahra entkleiden sich, dann ziehen sich die Münteferings aus. Schließlich löscht man das Licht.
Und was passiert dann?
Nichts. Oskar und Sahra liegen in Saarbrücken im Bett, die Münteferings in Berlin-Kreuzberg. Oder glauben Sie, wir drucken hier schweinische Witze über ehrbare Politiker?

Die Ärmste

Beim Kanzlerfest plaudert Arbeitsministerin von der Leyen mit Peer Steinbrück. Da sehen Sie wie Bildungsministerin Schavan beim Tanzen ausrutscht und hart auf den Boden knallt.
»Die Arme«, sagt von der Leyen.
Steinbrück schaut nur kurz hin und meint: »Stimmt! Aber die Beine sind noch viel schlimmer!«

Schonbezüge

Synonym für die Diäten unserer Abgeordneten.

Kompostierung

Drei Leichenbestatter jammern über ihren Stress: »Ich hatte heute drei Erdbestattungen und drei Krematoriumstermine!«
Der Zweite: »Mehr nicht? Bei mir waren es fast doppelt so viele.«
Der Dritte: »Bei mir auch. Aber ich hatte dazu noch zwei Kompostierungen.
»Was'n das?«
»Naja, die Grünen kommen jetzt halt auch langsam in das Alter.«

Armageddon

Nachdem Gott die schlechten Zustände auf der Erde und die Schlechtigkeit der Menschheit besichtigt hat, reicht es ihm. Er bestellt Obama, Putin und Merkel ein und verkündet: »In drei Tagen vernichte ich eure miese kleine Erde. Sagt das euren Leuten.«
Obama beruft den Senat ein: »Ich habe zwei schlechte Nachrichten: Erstens, Gott existiert. Zweitens in drei Tagen ist alles aus.«
Putin stellt sich vor die Duma und erklärt: »Ich habe zwei schlechte Nachrichten. Gott existiert doch. Wir Kommunisten hatten Unrecht. Und die Erde wird in drei Tagen vernichtet.«
Merkel verkündet vor dem Bundestag: »Ich habe zwei gute Nachrichten. Gott existiert, und daran habe ich nie gezweifelt. Die zweite gute Nachricht ist: Ich bleibe Bundeskanzlerin bis ans Ende aller Tage.«

Kreuzfahrt

Straßen-Wahlkampf. Ursula von der Leyen, CDU-Ministerin für Arbeit und Soziales, fragt eine Rentnerin: »Wie finden Sie unser CDU-Sozialprogramm?«
»Wie meine letzte Kreuzfahrt«, antwortet die alte Dame, »es werden einem herrliche Ausblicke geboten, aber man kann sie nicht genießen, weil man ständig brechen muss.«

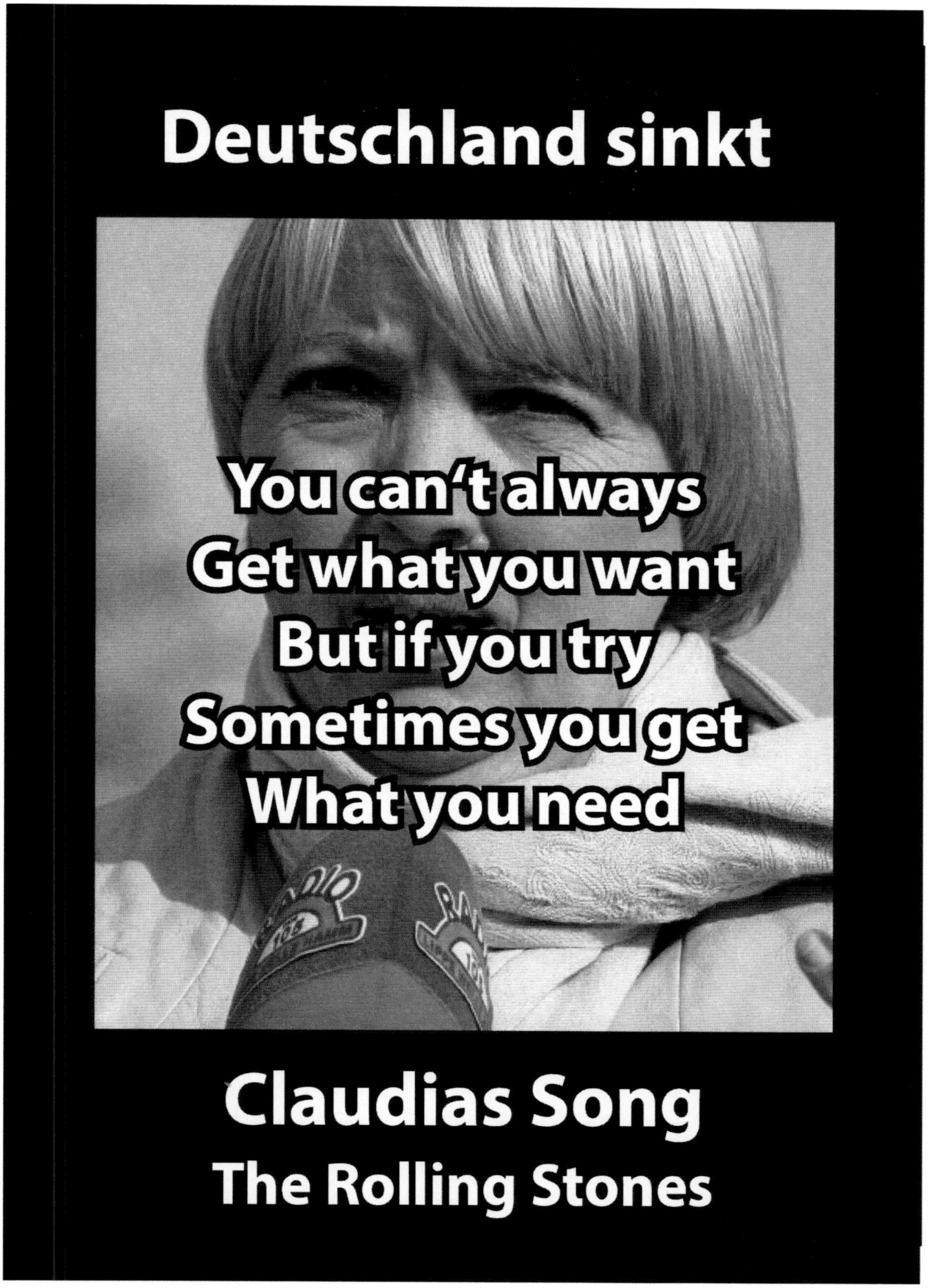
Deutschland sinkt
You can‘t always
Get what you want
But if you try
Sometimes you get
What you need
Claudias Song
The Rolling Stones

Keiner redet
dümmer als er ist

Druck
Vizekanzler Philipp Rösler steht ziemlich unter Druck. Wenn man ihm ein Stück Kohle in den Hintern schiebt, wird eine Stunde später ein Diamant daraus.

Steinbrück
Ein Mann verlässt den Gemeindesaal und raucht eine Zigarette.
Eine Frau fragt ihn: »Wer redet denn da drinnen?«
»Steinbrück – seit einer geschlagenen Stunde!«
»Und worüber?«
»Hat er noch nicht gesagt!«

Unterbezahlt
Bei einer Wahlkampfrede in Berlin schimpft SPD-Kanzlerkandidat Peer Steinbrück: »Die Bezahlung von Politikern steht in keinem Verhältnis zu unseren Leistungen.«
Zwischenruf aus dem Publikum: »Stimmt, aber wir können euch ja nicht verhungern lassen.«

Deutschland sinkt
Ich will alles
Ich will alles
Und zwar sofort
Wolfgangs Song
Gitte Haenning

Beamte
Das Parlament ist mal voller mal leerer, aber immer voller Lehrer.

Die Braut
Eine nicht mehr ganz junge Dame kommt in ein Brautmodengeschäft mit: »Ich möchte gern ein schönes weißes Hochzeitskleid mit Schleier.«
Der Verkäufer windet sich: »Drei Mal waren Sie jetzt schon bei uns. Meinen Sie nicht, bei der vierten Ehe wäre eine andere Farbe angemessener – eine unschuldigere Farbe wie blau oder rosa.«
»Ob Sie's mir glauben oder nicht, ich bin immer noch so unschuldig wie ein junges Mädchen.«
»Wie das?«
»Nun, mein erster Mann war in der Hochzeitsnacht so aufgeregt, dass er einen Herzinfarkt bekam. Mit meinem zweiten Mann habe ich mich schon während des Ausziehens so gestritten, dass die Ehe annulliert wurde.«
»Das tut mir leid«, meinte der Verkäufer, »und was ist mit ihrem dritten Mann?«
»Der war Minister. Vier Jahre lang saß er auf meiner Bettkante und erzählte mir, wie großartig alles sein würde, aber es passierte absolut nichts.«

Schöpfungsakt
Am Anfang des Berliner-Flughafen-Baus sagte Klaus Wowereit: »Es werde nichts.«
Und es ward nichts.

Flughafen-Motto
Verschiebe nie auf morgen,
was du noch übermorgen kannst besorgen.

Wer liest was?

Die **FAZ** wird von Leuten gelesen, die Deutschland in der Hand haben.

Die **taz** wird von Leuten gelesen, die Deutschland gern in der Hand hätten.

Die **National-Zeitung** wird von Leuten gelesen, die Deutschland in der Hand hatten.

Die **Bravo** wird von Leuten gelesen, die Deutschland in der Hand haben werden.

Der **Playboy** wird von Leuten gelesen, denen es scheißegal ist, wer Deutschland in der Hand hat. Hauptsache sie hat große Titten.

Guter Staat
ist teuer

Untergang
Merkel, Westerwelle und Seehofer sinken mit einem Boot auf dem Wannsee. Wer wird gerettet?
Deutschland!

Hirsch-Rätsel
Merkel trifft den französischen Staatspräsident Hollande.
»François, du bist doch ein schlauer Fuchs. Kannst du folgendes Problem lösen: Auf der einen Seite eines Teiches steht ein Hirsch und will rüber. Er darf nicht um den Teich herum gehen, er darf kein Boot benutzen, und er darf nicht schwimmen. Wie kommt er rüber?«
Hollande überlegt: »Hmm ... Ich komm nicht drauf!«
»Na, er schwimmt!«
»Aber er darf doch nicht schwimmen!«
Merkel lächelt fein: »Er schwimmt aber trotzdem!«

Regierung
Alle sind böse auf Berlin. Dabei hat die Regierung doch gar nichts getan.

Personalien

Merkel

Angela Merkel braucht kein Rückgrat, weil sie ein dickes Fell hat.

Steinbrück

Der Erfolg hat Peer Steinbrück den Kopf verdreht. Leider nicht weit genug.

Westerwelle

Westerwelle muss operiert werden. Beim Versuch, die Stimmung im Volk zu heben, hat er sich einen Bruch zugezogen.

Steinbrück

Horst Seehofer arbeitet wie ein Sandstrahlgebläse. Ein Körnchen Wahrheit und viel heiße Luft.

Rösler

Philipp Rösler ist ein anatomisches Wunder: viel Wirbel, aber wenig Rückgrat.

Schäuble

Wolfgang Schäuble lügt nie. Aber er sagt auch nicht die Wahrheit.

Trittin

Manche sagen, Jürgen Trittin sei ein arrogantes Arschloch. Aber es gibt auch Leute, die nicht so gut von ihm reden.

Widerspruch

»Widersprechen Sie Ihrer Frau jemals?« fragt ein Journalist Angela Merkels Mann Joachim Sauer.
»Nie. Nach einer Weile tut sie's selbst.«

Kuh beim Pferderennen

Zwei Journalisten in der Berliner Paris-Bar.
»Gestern war ich beim Pferderennen. Westerwelle, Steinbrück und Merkel waren auch da.«
»Hast du sie gesehn?«
»Nein.«
»Und woher willst du wissen, dass sie da waren?«
»Jemand hat eine Kuh unter die Pferde geschmuggelt.«
»Ja, und?«
»Das beweist, dass Westerwelle da war.«
»Und Steinbrück?«
»Jemand hat gewettet, dass die Kuh gewinnt.«
»Und Merkel?«
»Die Kuh hat *tatsächlich* gewonnen.«

Ziege und Schnecke

Im Bundeskanzleramt haben sich neulich eine Ziege und eine Schnecke beworben. Die Schnecke hat man genommen, weil man nur noch Leute will, die nicht meckern, sondern kriechen.

Vertreter

Staubsaugervertreter verkaufen Staubsauger.
Versicherungsvertreter verkaufen Versicherungen.
Volksvertreter verkaufen …

Deutschland sinkt

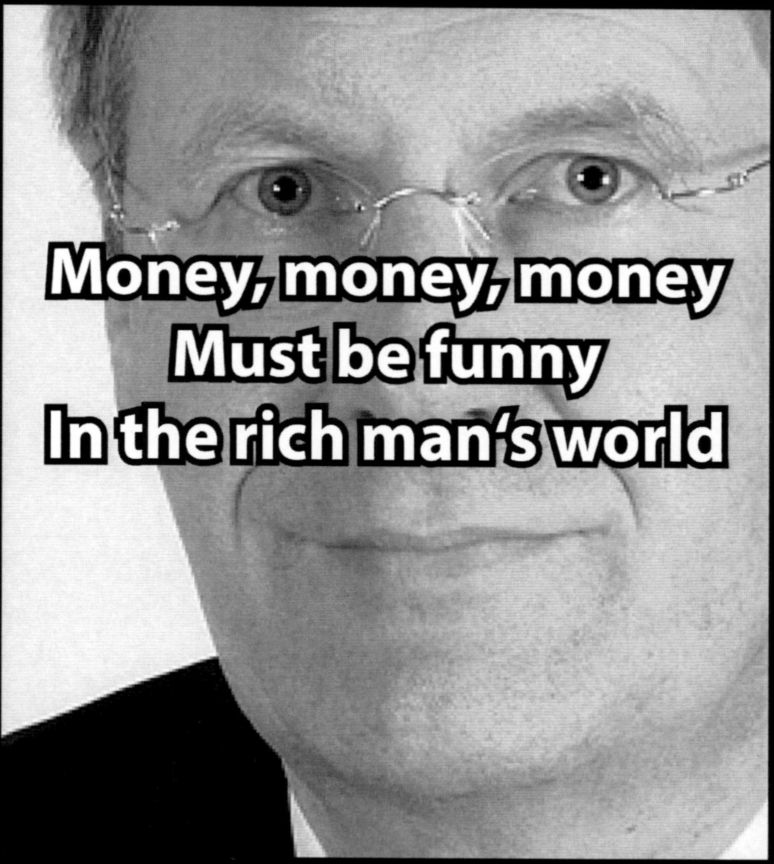

Christians Song

Money, Money, Money – Abba

Berlin
bleibt leider Berlin

Wie geht's?
Innenminister Friedrichs trifft Finanzminister Schäuble:
»Wie geht's, Wolfgang?«
Schäuble: »Wie man's nimmt.«

Guidos Brandrede gegen politische Phrasen
Im Kampf gegen die Phrase sollten wir uns einerseits auf die politischen Hinterbeine stellen. Aber was nutzt es, wenn wir das Kind mit dem Bade ausschütten? Was die Opposition auf diesem Gebiet vorgeschlagen hat, ist doch ein totgeborenes Kind, dass sich im Sande verlaufen hat wie ein begossener Pudel. Ich prophezeie, dass die Väter dieses Kompromisses auf keinen grünen Zweig kommen werden! Aber der Zahn der Zeit, der schon so manche Wunde trocknete, wird auch über sie Gras wachsen lassen. Wenn alle Stricke reißen, wird meine Partei wie *ein* Mann aufstehen und das Feuer dort löschen, wo die Dämme gebrochen sind!

Wahlprogramm
Die CDU/CSU braucht kein Wahlprogramm. Ihr reicht die Opposition.

Fragen & Antworten

Frage: Was ist das Gefährliche an politischen Witzen?
Antwort: Dass einige von ihnen ein Amt bekommen

Frage: Was haben eine Artischocke und die Kanzlerin gemeinsam?
Antwort: Beide haben ein kleines kaltes Herz.

Frage: Warum steht der Berliner Reichstag inmitten einer riesigen Rasenfläche?
Antwort: Damit es nicht so laut klimpert, wenn das Geld zum Fenster rausgeworfen wird.

Frage: Was hast du, wenn Sahra Wagenknecht und Oskar Lafontaine in einem Raum sind?
Antwort: Eine hübsche Linke und einen rechten Arsch.

Frage: Wo ist eigentlich Günter Wallraff abgeblieben?
Antwort: Haben Sie sich die Bundesregierung in letzter Zeit mal genau angeschaut?

Frage: Warum ist Guido Westerwelle schlechter dran als Angela Merkel?
Antwort: Merkel muss sich nur gegen ihre Feinde wehren.

STEINBRÜCK IN DER HÖLLE

Peer Steinbrück ist gestorben und kommt in die Hölle. Der Teufel gibt ihm die Wahl zwischen drei Qualen, wie er die Ewigkeit verbringen will. Hinter der ersten Tür erblickt Steinbrück arme Seelen, die mit Nilpferd-Peitschen gepeinigt werden. Nein, das will er nicht.
Hinter der zweiten Tür winden sich Sünder auf glühenden Kohlen. Auch das ist nicht das Richtige für Peer.
Als der Teufel die dritte Tür öffnet, traut Steinbrück seinen Augen nicht: Claudia Roth, die Parteivorsitzende der Grünen, befriedigt den CSU-Ehrenvorsitzenden Edmund Stoiber mit dem Mund.
Steinbrück freut sich: »Diese Möglichkeit nehm ich. Nicht perfekt, aber immer noch die beste Art, die Ewigkeit zu verbringen.«
Darauf der Teufel: »Claudia, du kannst aufhören. Deine Ablösung ist da.«

AUSLAND

Zwei SPD-Landeschefs unterhalten sich.
»Wegen der hämischen Kritik will Peer Steinbrück seine Reden demnächst nur noch im Ausland halten.«
»Das finde ich sehr rücksichtsvoll von ihm.«

HIMMLISCHE WAHL

Auch im Himmel wird gewählt. Alle haben CDU gewählt. Nur eine einzige Stimme wurde für die SPD abgegeben. Petrus hat einen Verdacht: War wahrscheinlich der Joseph, der Zimmermann.
Petrus fragt ihn: »Joseph, hast du etwa die SPD gewählt?«
»Natürlich. Ich bin doch Arbeiter. Ich wähle immer die SPD!«
»Nun reichts mir«, sagt Petrus, »hau ab, wir können dich hier nicht mehr brauchen.«
»Wenn ihr das so wollt«, erwidert Joseph, »aber dann nehme ich meine Frau Maria und meinen Sohn mit.«

Wulff
»Was macht eigentlich ihr altes Leiden?« Wird Ex-Bundespräsident Wulff gefragt.
»Dumme Frage. Haben Sie das mit der Scheidung nicht verfolgt?«

❁

Atze Schröder
Angela Merkel verbietet Atze Schröder, dauernd Witze über sie zu machen: »Schließlich bin ich die Bundeskanzlerin und alle lieben mich.«
Atze: »*Der Witz* war aber jetzt nicht von mir.«

❁

Gleisarbeiter
Innenminister Hans-Peter Friedrich beklagt sich bei Verkehrsminister Ramsauer: »Ich hab noch nie faulere Säcke als deine Gleisarbeiter gesehen. Jedes Mal wenn ich hier mit dem Zug vorbei fahre, stehn sie mit den Händen in den Hosentaschen da und gaffen den Zug nach.«

❁

Jobvorschlag
Ein Wähler zu Westerwelle: »Sie wären ein prima Einbrecher!«
»Wieso das denn?«
»Weil Sie bei der Arbeit nicht die geringste Spur hinterlassen.«

❁

Herzschrittmacher
Arbeitgeber-Präsident Dieter Hundt braucht einen Herzschrittmacher.
Der Arzt fragt: »Einen roten oder einen schwarzen?«
Hundt: »Rot … passt irgendwie besser zum Herz.«
Nach der Operation fragt er den Arzt: »Was ist denn der Unterschied zwischen einem schwarzen und einem roten Schrittmacher?«
»Der rote arbeitet nur 35 Stunden in der Woche.«

Schulden

Der griechische Ministerpräsident fliegt von Athen nach New York. Beim ersten Zwischenstopp in Berlin sagte er zu seiner Flugbegleiterin: »Denen schulde ich 70 Milliarden.«

Beim nächsten Zwischenstopp in Paris sagt er: »Denen schulde ich 80 Milliarden.«

Beim Zwischenstopp in London: »Denen schulde ich 60 Milliarden.«

»Aber Herr Ministerpräsident«, wirft die junge Frau ein, »warum sagen sie mir nur, was sie den anderen Ländern schulden? Warum erzählen Sie mir nicht, was sie *besitzen*?«

Der Politiker schaut sie kopfschüttelnd an: »Sie kleines Dummchen! Was ich denen schulde, das *habe* ich doch!«

Rechthaber

Arbeitsministerin von der Leyen und Finanzminister Schäuble diskutieren mit Angela Merkel.

Von der Leyen: »Es hilft nichts, wir müssen die Steuern erhöhen.«

Merkel: »Da hast du recht, Ursula.«

Schäuble: »Quatsch, wir müssen sie senken.«

Merkel: »Da hast du recht, Wolfgang.«

In diesem Moment kommt Westerwelle vorbei: »Angela, es können doch nicht beide recht haben.«

Merkel: »Da hast du nun wieder recht.«

Vier Jahre

Ein FAZ-Journalist fragt Schäuble: »Wie lange noch bis das Bankenproblem gelöst ist?«

»Vier Jahre.«

»Aber Herr Minister, das haben Sie vor vier Jahren auch schon gesagt.«

»Natürlich! Glauben Sie etwa, ich ändere so schnell meine Meinung?«

Deutschland sinkt

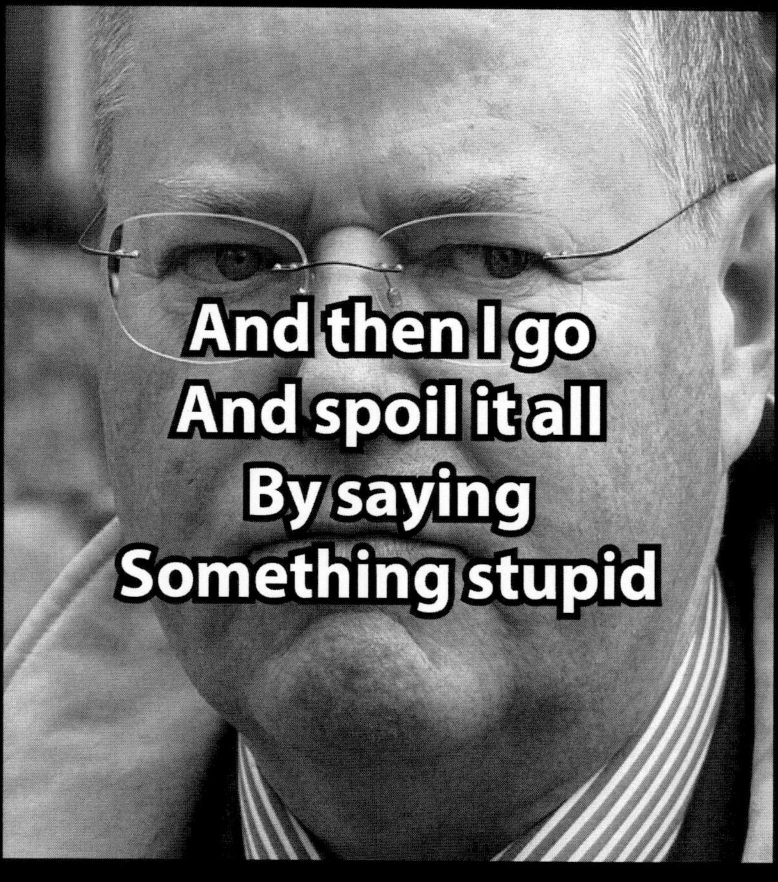

Peers Song

Something Stupid – N. & F. Sinatra

Angie & Peer

Und noch mehr

Rente

Forderung der Linken: Rente ab 17 – Beiträge ab 70.

Fjorde

Nach einem Norwegen-Besuch fragte ein Journalist Guido Westerwelle: »Herr Außenminister, haben Sie denn auch Fjorde gesehen?«
»Fjorde? Jede Menge … obwohl sie ja etwas scheu sind.«

Arbeitskampf

Vor dem Bundeskanzleramt skandieren Arbeitslose: »Wir wollen Arbeit! Wir wollen Arbeit!«
Nach einer Stunde hat Angela Merkel es satt. Sie geht zu den Demonstranten und greift sich einen raus.
»Sie wollen arbeiten? Sie bekommen Arbeit! Sie können sofort als Assistent bei mir anfangen.«
Der Arbeitslose: »Warum muss ausgerechnet ich ran? Da sind doch noch hundert andere.«

EG-Flagge

Top-Designer Harald Glööckler hat jetzt eine neue Fahne für die Europäische Gemeinschaft entworfen: 27 Kühe auf blauem Grund melken sich gegenseitig.

Albtraum

Arbeitsministerin von der Leyen im kleinen Kreis: »Ich hatte einen schrecklichen Traum. Die Merkel jagt mich mit einem Alligator an der Leine durchs ganze Haus. Diese gelben Augen! Die spitzen Zähne! Die schuppige Haut!«

»Das ist ja grauenhaft«, sagt eine Mitarbeiterin.

Von der Leyen: »Das ist noch gar nichts. Wartet, bis ich euch den Alligator beschreibe!«

Tiger-Safari

Gregor Gysi und Sahra Wagenknecht gehen auf Safari. Nach zehn Minuten erlegen sie einen riesigen Tiger mit fünf Schüssen. Gysi geht, um die Träger zu rufen. Nach fünf Minuten kommt er zurück. Aber Sahra steht völlig allein da – kein Tiger.

»Wo ist der Tiger?«, fragt Gysi.

»Welcher Tiger?«

Gysi wird wütend: »Moment mal! Haben wir nicht einen Tiger geschossen?«

»Allerdings!«

Gysi: »Ein Riesenvieh!«

»Ja, riesig!«

»Und wollte ich nicht Träger holen, um den Tiger abzutransportieren?«

»Ja, natürlich!«

Gysi: »Also, wo ist der Tiger?«

Sahra: »Welcher Tiger?«

Angela in der Hölle

Angela Merkel kommt nach ihrem Ableben zu Petrus: »Du hast die Wahl: Himmel oder Hölle.«
Zur Entscheidungsfindung macht er mit ihr eine Besichtigungstour. In der Hölle spielen die Rolling Stones. Man trinkt Champagner und isst Kaviar. Im Himmel spielt Mozart, Schiller rezitiert Gedichte und man trinkt Sprudel.
Merkel wählt natürlich die Hölle. Aber als sie hinuntersteigt, zwingt sie ein behaarter Teufel, in glühender Hitze Scheiße zu schaufeln.
Sie protestiert bei Petrus: »Du hast mir aber was Anderes versprochen.«
Satan winkt ab: »Angela, du kennst das doch am besten: Nach der Wahl ist nicht vor der Wahl!«

Der zerbrochene Krug

Der Schulrat besucht eine Schule und fragt Franz: »Was weißt du über den *Zerbrochenen Krug* von Kleist?« Kevin stottert verlegen: »Ich, ich war's nicht!«
Empört sagt der Schulrat zum Lehrer: »Herr Kollege, der Schüler Kevin weiß nichts über den *Zerbrochenen Krug* – was meinen Sie dazu?«
Der Lehrer: »Also, wenn Kevin sagt, er war es nicht, dann war er's auch nicht.«
Der Schulrat kann es nicht fassen und geht zum Direktor: »Herr Direktor, was ist hier los? Der Schüler Kevin weiß nichts über den *Zerbrochenen Krug* von Kleist und sein Lehrer auch nicht!«
Der Direktor nimmt 100 Euro aus seiner Brieftasche und gibt sie dem Schulrat: »Können wir die peinliche Sache damit begraben?«
Der Rat fährt zu Bundesbildungsministerin Annette Schavan und berichtet über die Zustände an dieser Schule. Er schließt mit den Worten: »Der Gipfel war, dass der Direktor mich mit 100 Euro bestechen wollte.«
Darauf die Frau Ministerin triumphierend: »Dann wird *er* es wohl gewesen sein.«

Mottos

Peer Steinbrück
Mundwerk hat goldenen Boden.

Claudia Roth
Ich verspreche nichts. Aber das halte ich auch.

Wolfgang Schäuble
Seien Sie vernünftig. Tun Sie, was ich sage.

Angela Merkel
Nichts ist so eilig, dass es durch Liegenlassen nicht noch eiliger werden würde.

Guido Westerwelle
Wo ich bin, ist nichts, aber ich kann nicht überall sein.

Horst Seehofer
Wenn du nicht willst, dass man's dir tu,
dann füg' der CDU es zu.

Philipp Rösler
Lieber reiner Korn als Rainer Brüderle.

Standpunkte
sind Gräber der Wissbegierde

Gerücht
Zwei SPD-Granden unterhalten sich leise.
»Hast du schon das Gerücht gehört, dass Steinmeier schwul ist?«
»Nöh.«
»Ich auch nicht. Aber wir könnten es in Umlauf bringen ...«

Angie
Angela Merkels Mann, »First Husband« Joachim Sauer: »Angela, du musst mir schon sagen, dass du mich liebst. Es reicht nicht, wenn du es über die üblichen Kanäle durchsickern lässt.«

Gute Regierung
Unsere Regierung tut das Richtige. Allerdings erst, nachdem sie alle anderen Möglichkeiten ausgeschöpft hat.

Wahrheitsliebe
Wolfgang Schäuble lügt nie. Aber er sagt auch nicht die Wahrheit.

Deutschland sinkt
Ja, lebt denn der alte
Holzmichel noch?
Helmuts Song
De Randfichten

Einsichten

Angela Merkel und ihr Mann Joachim Sauer beim Frühstück. »Angela, ich hab über unseren Streit gestern nachgedacht. Du hattest recht.«
»Zu spät, Achim, ich bin inzwischen anderer Meinung.«

Wer bin ich?

Kanzlerin Merkel ist zu Gast bei der Queen in London. Sie fragt die Queen, nach dem Geheimnis ihres Erfolges. Die Queen meint, man müsse nur viele intelligente Leute um sich herum haben.
»Wie wissen Sie so schnell, ob jemand intelligent ist?« fragt Merkel.
»Lassen Sie es mich demonstrieren«, antwortet die Queen.
Elisabeth greift zum Telefon, ruft ihren Ministerpräsidenten David Cameron an und sagt: »Mr. Premierminister. Es ist der Sohn ihres Vaters, ist aber nicht ihr Bruder. Wer ist es?«
Ohne zu zögern antwortet David Cameron: »Ganz einfach, das bin ich!«
»Sehen Sie, Frau Merkel« sagt die Queen, »so teste ich die Intelligenz meiner Leute.«
Begeistert fliegt Merkel zurück nach Deutschland. Dort ruft sie sofort Wolfgang Schäuble an: »Wolfgang, es ist der Sohn deines Vaters, ist aber nicht dein Bruder. Wer ist es?«
Nach langem Hin und Her sagt Schäuble:
»Keine Ahnung, aber bis morgen hab ich die Antwort!«
Schäuble zermartert sich das Hirn – vergebens. Schließlich ruft er bei Innenminister Friedrichs an:
»Peter, es ist der Sohn deines Vaters, ist aber nicht dein Bruder. Wer ist es?« fragt er Friedrichs.
»Ganz leicht, das bin ich!«
Glücklich ruft Schäuble bei Merkel an und jubelt: »Ich habs, ich habs … es ist der Friedrichs!«
Merkel brüllt ihn total entsetzt an:
»Nein, Schäuble, du Trottel, es ist David Cameron!«

Politische Anagramme

Wie wird aus Stefan Raab eine Berta Fasan und aus Adolf Hitler eine Folterhilda? Durch Anagramme, durch Buchstaben-Umstellungen.

Die Mutter aller Anagramme ist der griechische Dichter Lykophron aus Chalkis. Um 300 v. Chr. kroch er seinem König Ptolemaios II. in den Hintern. Er bastelte »Ptolemaios« so zurecht, dass ein schmeichelhafter neuer Sinn entstand: »von Honig«. – Süß!

Satiriker lieben Anagramme, denn zuweilen sind sie ganz schön entlarvend. Ein besonders kreativer Anagramm-Bastler ist der Satiriker Martin C. Altenpohl, von dem einige dieser Wortperlen stammen:

Angela Merkel: KLARE MAENGEL

Dirk Niebel: BIN DIR EKEL

Franz Müntefering: NENNE AMT, ER GRIFF ZU

Guido Westerwelle: OELIGE WEDELWURST

Jürgen Trittin: TINTE IRRTE JUNG

Klaus Wowereit: KLAU WORTWEISE

Kristina Schröder: SCHREI'S DOKTRINAER

Oskar Lafontaine: FORTAN ALSO KENIA

Peer Steinbrück: TEURE SPECKBIRNE

Rainer Brüderle: DAUER–BERLINER? ER?

Ronald Pofalla: ANAL, PRALL, DOOF

Thomas de Maiziere: SEI ZAEH IM AMT, ODER?

Wolfgang Schäuble: GAB GESCHWOLLEN AUF

Karl-Theodor zu Guttenberg: ZAUBERT DOKTOR–GELTUNG HER

It's öde
to be blöde

Schildkröte
Die Finanzpolitik der Bundesregierung gleicht einer Schildkröte, die sich im Stabhochsprung übt.

Holztransport
Oskar Lafontaine verirrt sich bei einer Wanderung im Saarbrücker Wald. Da trifft er einen Holzfäller, der gerade mit einem Tieflader voll Stammholz losfahren will. Lafontaine fragt, ob der ihn ins Dorf mitnehmen könne.
»Klar« , sagt der Holzfäller, »hock dich einfach hinten drauf.« Im Dorf angekommen bedankt sich Lafontaine und will den Mann für seine Mühe entlohnen.
»Nicht nötig«, winkt der ab, »ich hätte hinten sowieso einen roten Lumpen gebraucht.«

Flaschenzug
»Wie funktioniert eigentlich ein Flaschenzug?«
»Schau dir doch mal die Führungs-Riege der FDP an.«

Und jetzt: Die News ...

London. Kanzlerin Angela Merkel und Kanzlerkandidat Peer Steinbrück sind gestern in der britischen Hauptstadt zusammengetroffen. Beide blieben unverletzt.

München. Für einen junges Ehepaar der Isar-Metropole erfüllte sich unverhofft der Traum von einer teuren Wohnung. Die Miete wurde drastisch erhöht.

Berlin. Auf einer Komm-wie-du-bist-Party erschien Familienministerin Kristina Schröder ziemlich dumm.

Berlin. Der Zustand des Kaffees, der letzten Freitag in der Kantine des Berliner Reichstags zubereitet wurde, ist unverändert ernst. Auch heute noch war er so schwach, dass er kaum mit eigener Kraft aus der Kanne laufen konnte.

Und nun noch eine Meldung in eigener Sache: Gestern haben wir gemeldet, die Hälfte der Regierungsmitglieder seien Hornochsen. Wir bedauern dies und stellen fest: Die Hälfte der Regierungsmitglieder sind keine Hornochsen.

Kreuzfahrt

Merkel ruft bei Berlusconi an: »Silvio, du besitzt doch eine Riesen-Schiffsflotte. Ich brauche ein großes Schiff für einen Parteiausflug. Möglichst ein italienisches.«
Berlusconi: »Kein Problem, Angela. Ich leg dir eins auf die Seite«.

Sarrazins Unfall

Thilo Sarrazin lässt sich von seinem Chauffeur zu einer Lesung des neuen Buches über die Dörfer fahren. Im ersten Dorf überfährt der Fahrer ein Huhn. Sarrazin steigt aus, redet mit dem Bauern und kommt mit blauem Auge wieder. Im zweiten Dorf überfährt der Chauffeur einen Hund. Wieder steigt Sarrazin aus und entschuldigt sich beim Bauern. Und wieder fängt er sich ein blaues Auge ein.
»Passen sie ab jetzt gefälligst besser auf«, blafft er den Fahrer an.
Aber im dritten Dorf überfährt der Unglückswurm ein Schwein.
»Diesmal gehen Sie zu dem Bauern«, befiehlt Sarrazin und schickt den Chauffeur zum nahegelegenen Hof.
Sarrazin wartet und wartet, aber der Fahrer kommt nicht zurück.
Nach zwei Stunden wankt der Chauffeur wieder in den Wagen – vollgefressen und ziemlich besoffen.
»Wie haben Sie denn das hingekriegt? Kein blaues Auge, aber eine Party?«, fragt Sarrazin erstaunt.
Der Chauffeur: »Ich habe dem Bauern gesagt: Hallo, ich bin der Fahrer vom Sarrazin. Ich hab das Schwein überfahren ...«

Meinungsverschiedenheit

»Haben Sie eigentlich gelegentlich Meinungsverschiedenheiten mit Angela Merkel?« Fragte ein Journalist den CDU-Generalsekretär Hermann Gröhe.
»Gelegentlich ist gut! Aber zum Glück ahnt sie nichts davon.«

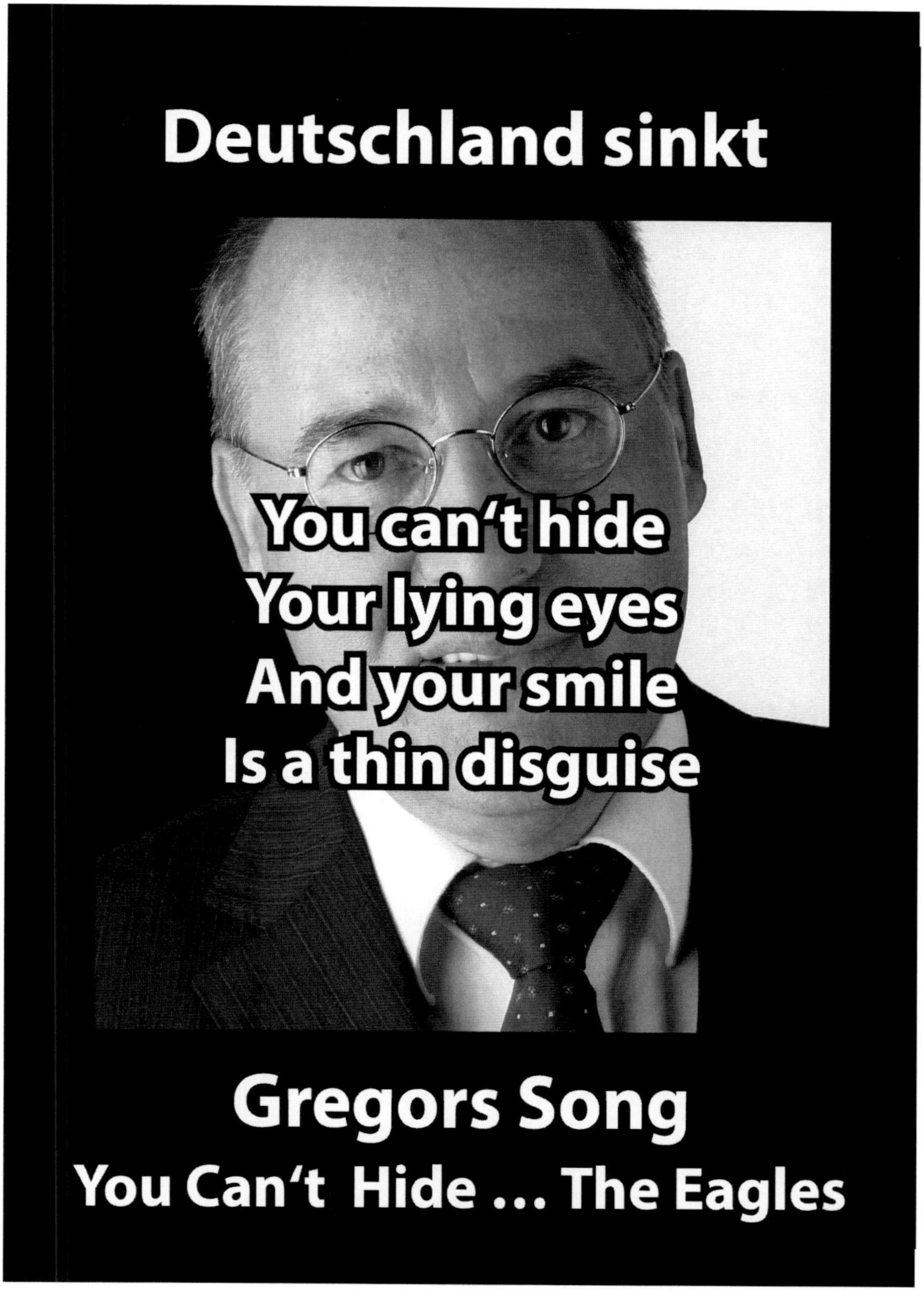
Deutschland sinkt
You can‘t hide
Your lying eyes
And your smile
Is a thin disguise
Gregors Song
You Can‘t Hide … The Eagles

Mundwerk
hat goldenen Boden

Rösler-Versteher
Philipp Rösler: »Niemand hat mich verstanden. Außer Rainer Brüderle. Und der hat mich falsch verstanden.«

Özdemir
Grünen-Parteichef Cem Özdemir ist es leid, wegen seines Namens auf den Arm genommen zu werden und geht zum Amt für Öffentliche Ordnung.
»Ich will meinen Namen ändern lassen.«
»Warum?«
»Weil kein Mensch ihn richtig aussprechen kann.«
»Wie heißen Sie denn?«
»Cem Özdemir.«
»Und wie wollen Sie heißen?«
»Aytekin Özdemir.«

Harter Job
Bei der morgendlichen Zeitungslektüre fragt Steinbrücks Ehefrau Gertrud: »Wie geht's dir eigentlich, Peer? Deine Finger sind so blass.«

Einstein

Einstein sitzt im Himmel und langweilt sich ganz schrecklich. Da kommt Engel Jürgen Trittin des Wegs.
»Welchen IQ hast du?« fragt der Nobelpreisträger.
»150 schätze ich.«
»Ausgezeichnet, dann können wir uns über Philosophie unterhalten.«
Wolfgang Schäuble kommt angerollt.
»Welchen IQ hast du?« fragt Einstein.
»180.«
»Wundervoll, dann können wir uns über Atomphysik unterhalten.«
Kurz darauf kommt ein weiterer Engel.
»Und welchen IQ hast du?« fragt der Physiker.
»65, Herr Einstein.«
»Sehr interessant«, meint Einstein, »wie läuft's denn so bei euch in der CSU?«

❁

Jagd

Altkanzler Schröder geht mit Putin auf die Jagd.
Schröder: »Haben Sie den meisterhaften Schuss gesehen, mit dem ich die Flugente erlegt habe?«
»Habe ich«, sagt Putin, »aber nötig war es nicht. Den Sturz hätte sie sowieso nicht überlebt.«

❁

Transparenz

Manche Politiker reißen ihren Mund so weit auf, dass man ihren beschränkten Verstand durchschimmern sieht.

❁

Reinigung

Die chemischen Reinigungen nehmen ab sofort auch Lebensmittel an.

Guido geht

Guido Westerwelle hat das ständige Gemecker in der FDP satt: »Auch wenn wir über die 5 Prozent kommen, stehe ich nicht als Außenminister zur Verfügung.«

Brüderle und Rösler sind bestürzt: »Guido, das geht nicht, du musst bleiben!«

Westerwelle lächelt beide an: »Wenn wir in der FDP nur zehn Leute wie euch beiden hätten, ja dann würde ich bleiben ...«

Rösler beschwichtigend: » Zehn werden wir doch wohl finden.«

Westerwelle: »... leider sind es tausende.«

Böse Mädchen

Die Grünen-Chefin Claudia Roth, die SPD-Generalsekretärin Andrea Nahles und Angela Merkel segnen am selben Tag das Zeitliche und kommen zu Petrus: »Ob ihr ins Paradies dürft, entscheide ich in Einzelgesprächen.«

Als erstes ist Claudia Roth dran. Nach einer halben Stunde kommt sie zurück und sagt: »Puh, ich darf bleiben.«

Dann ist Andrea Nahles an der Reihe. Nach einer Stunde kommt sie zurück und sagt: »Puh, ich darf bleiben!«

Schließlich geht Angela ins Einzelgespräch.

Nach drei Stunden kommt Petrus heraus und sagt: »Puh, ich darf bleiben!«

Unterschied

In Washington erklärte Angela Merkel den Journalisten, warum Deutschland wirtschaftlich so stark ist: »In unserem Land sind wir alle eine große Gemeinschaft von Schaffenden. In anderen Ländern ist es oft so, dass die eine Hälfte des Volkes die Arbeit macht, während die Anderen nichts tut. Bei uns aber«, und ihre Stimme zittert vor Stolz, »bei uns ist es genau umgekehrt.«

Politische Limericks

Steinbrück-Limerick

Es sagte Herr Steinbrück in Heisungen:
»Ich nehme von niemandem Weisungen.«
Trotzdem nahm der Mann
ganz gern mal was an.
Vernunft nicht, doch gern Überweisungen.

Schröder-Limerick

Wird's uns'rer Kristina mal öder,
Zieht Schröder ganz gern mal vom Leder:
»Gott hat kein Gemächt!
‚*Das Gott*' klingt nicht schlecht!«
Darauf rief *die* Gott »Ach, das Schröder!«

Merkel-Limerick

»Wankelmütige Ostzonen-Zicke!«
Beschimpfte ein Mann uns're Dicke.
Sie sprach: »Wie mein Bauch.
Bleib ich mittig. Wohl auch
Weil ich da ganz bestimmt nicht einknicke.«

Alles hat Grenzen

Nur Dummheit ist unendlich

Liz Mohn

Facebook-Chef Mark Zuckerberg ist zu Gast bei einem Gala-Dinner im Hause der Bertelsmann-Chefin Liz Mohn.
Zuckerberg prahlt: »Mrs. Mohn, ich bin so reich, ich könnte die gesamte Bundesrepublik kaufen.«
Liz Mohn: »Ich verkaufe aber nicht.«

Mikado

Wahl-Mikado: Wer sich zuerst bewegt, hat verloren.

Pleiten-Zeiten

Ein Anleger kommt zur Bank und möchte für 1000 Euro Schatzbriefe kaufen: »Was passiert eigentlich, wenn die Bank pleite macht?«
Der Angestellte: »Dann fängt die Bundesbank uns auf.«
Anleger: »Und wenn die Bundesbank auch pleite macht?«
Angestellter: »Dann fängt die Regierung uns auf.«
Anleger: »Und wenn die Regierung pleite macht?«
Angestellter: »Na, das müßte Ihnen doch tausend Euro wert sein.«

Deutschland sinkt
Wenn du denkst
Du denkst
Dann denkst du nur
Du denkst
Jürgens Song
Juliane Werding

Danke Angela

Angela Merkel zieht sich eine Perücke auf und geht incognito in eine Kneipe. Dort feiert eine Gruppe elegant gekleideter Herren mit viel Bier und Schnaps. Dauernd lassen sie die Kanzlerin und die schwarz-gelbe Regierung hochleben.
Da Angela sowas lange nicht mehr erlebt hat, gibt sie sich zu erkennen. Die Herren freuen sich und danken Angela für alles, was sie tut.
Schließlich fragt Angela: »Meine Herren, was machen Sie denn beruflich?«
»Wir sind Insolvenzverwalter.«

Verwählt

Das Telefon klingelt: »Hallo, Tründelberg ...«
»Oh, Entschuldigung, da habe ich wohl falsch gewählt.«
Tründelberg: »Macht doch nichts. Das haben wir schließlich alle.«

Lebenshaltungskosten

Arbeitsministerin Ursula von der Leyen schiebt Finanzminister Wolfgang Schäuble durch Berlin.
Schäuble schimpft: »Die SPD behauptet, dass die CDU an den ständigen Preissteigerungen schuld ist. Unverschämtheit! Guck dir nur dieses Geschäft an, Ursula: ein Kleid 60 €, eine Hose 70 €. Das sind doch fantastische Preise, oder?«
»Schnell weg hier, Wolfgang«, schiebt von der Leyen ihn weiter, »das war eine Reinigung.«

Doktor Schavan

Bildungsministerin Annette Schavan wird gefragt, wie lange es dauert, eine Doktorarbeit zu schreiben.
»Ehrlich währt am längsten.«

Wusssten Sie schon …

dass Bundestagsvizepräsident Wolfgang Thierse unter seinem Bart glatt rasiert ist?

dass es Gregor Gysi nach jahrelangen Anstrengungen gelungen ist, anderen eine Grube zu graben, ohne selbst hineinzufallen?

dass es besser ist, Sabine Leutheusser-Schnarrenberger zu heißen, als Sabine Häuflein-Elend?

dass es nur ein Getränk gibt, das unter Angela Merkels Kanzlerschaft nicht teurer geworden ist? Das Freibier.

dass es immer noch besser ist, den erstbesten Kanzlerkandidaten zu wählen als den zweitbesten?

Wer faul ist,
schafft Arbeitsplätze.

Geldknappheit

Bei einer Kundgebung wettert Piratenchef Bernd Schlömer: »Die Regierungskoalition hat unser Land heruntergewirtschaftet. Geld ist in den letzten acht Jahren immer knapper geworden. Gestern wollte ich in einer Bank einen 500-Euro-Schein wechseln. Und was soll ich euch sagen, liebe Bürgerinnen und Bürger: Ich hatte keinen!«

Kanzler

Der Bundeskanzler ist ein Mann - im schlimmsten Fall auch eine Frau.

FDP-Wahlparole

Grünen-Fraktionschef Trittin unterhält sich mit Außenminister Westerwelle.

»Guido, was ist in diesem Wahlkampf eigentlich die Kernaussage deiner FDP?«

»Weniger Staat!«

»Das passt gut zu euch, Guido«, nickt Trittin, »ihr habt in den letzten Jahren wirklich wenig Staat gemacht.«

Fragen & Antworten

Frage: Warum sind deutsche Studenten froh, wenn sie durch die Abschlussprüfung fallen?
Antwort: Weil sie dann erst ein Jahr später arbeitslos sind.

Frage: Was ist das Kriterium für einen guten Schüler in Berlin-Kreuzberg?
Antwort: Er meldet sich, bevor er dem Lehrer eine scheuert.

Frage: Warum kann man über Angela Merkel sagen, was man will?
Antwort: Weil's immer stimmt.

Frage: Warum hört man eigentlich in letzter Zeit so wenig von Karl Theodor zu Guttenberg?
Antwort: Wahrscheinlich ist ihm nichts Rechtes eingefallen.

Frage: Was macht Angela Merkel eigentlich mit ihren hässlichen Klamotten?
Antwort: Sie trägt sie.

Frage: Wie kriegt man das Gehirn von Rainer Brüderle auf Erbsengröße?
Antwort: Einfach aufblasen.

Thierses Frisur
Thierse kommt zum Frisör, der Figaro nimmt die Schere und schneidet und schneidet und schneidet. Plötzlich hält er inne: »Herr Thierse, haben Sie früher mal eine Baskenmütze getragen?«
Thierse: »Ja, warum?«
»Die hab ich grade gefunden!«

Gender-Probleme
Die Frauenrechtlerin Alice Schwarzer im Gespräch mit Arbeitsministerin Ursula von der Leyen.
»Frau Ministerin, es gibt immer noch Stellen, die nicht für Menschen beiderlei Geschlechts ausgeschrieben werden.«
Die Ministerin: »Tja, wer hat das schon?«

Arbeitsvermittlung
»Da hätte ich was für Sie«, sagt der Arbeitsvermittler zu einem jungen Türken: »Assistent der Geschäftsleitung, 14 Monatsgehälter, übertarifliche Bezahlung. Na, wie klingt das?«
»Sie wollen mich wohl verarschen?«
»Ja, aber wer hat denn angefangen?«

Entsalzung
FDP-Entwicklungs-Minister Dirk Niebel streitet sich mit Kanzlerin Merkel.
»Wenn Sie mir den Etat noch weiter kürzen, kann ich die große Entsalzungs-Anlage in Afrika nicht bauen. Damit kann man täglich 1 Milliarde Liter Seewasser entsalzen. Wissen Sie eigentlich, was das für die armen Menschen dort bedeutet?«
Merkel trocken: »Natürlich. Sie haben endlich genug Salz.«

Unterschiede

Was ist der Unterschied zwischen Guido Westerwelle und Rainer Brüderle? Westerwelle tut was er kann und Brüderle kann was er tut.

Was ist der Unterschied zwischen Horst Seehofer und dem lieben Gott? Gott weiss, dass er nicht Horst Seehofer ist.

Was ist der Unterschied zwischem einem Krematorium und dem Parlament? In einem Krematorium wird man verbrannt, im Parlament nur verkohlt.

Was ist der Unterschied zwischen Familienministerin Kristina Schröder und Bildungsministerin Annette Schavan? Bei Schavan sieht man, wie Politik den Charakter verdirbt, und bei Schröder, wie der Charakter die Politik verdirbt.

Was ist der Unterschied zwischen dem Eiffelturm und dem Familienministerium? Beim Eiffelturm sitzen die dicksten Nieten unten.

Wir sparen

Koste es was es wolle

Berlin

Zwei Journalisten: »Im Januar übernahm Platzeck den Aufsichtsratsvorsitz der Flughafengesellschaft von Wowereit, stimmt's?«
»Und?«
»Jetzt arbeitet der erst so kurz in dem Job und ist schon zwei Jahre im Rückstand.«

Gute Frage

Erregte Debatte über Staatsausgaben bei Günther Jauch.
CSU-Chef Horst Seehofer: »Was würden Sie tun, Herr Jauch, wenn ich Ihnen 1000 € geben würde?«
Jauch: »Nachzählen.«

Wechselgeld

Finanzminister Schäuble nimmt in einem Geschäft Wechselgeld entgegen. Mehrfach zählte er es nach, bis sich die Verkäuferin erkundigt: »Stimmt es etwa nicht?«
»Doch, aber mal so gerade eben.«

Allmächtige

Wenn morgens schon die Sonne lacht, hat das die Angela gemacht.

Der Spion

Angela Merkel und der amerikanische Präsident Barack Obama treffen sich am Rande eines Gipfelgesprächs.
»Angela, du musst mir helfen. Wir wollen unseren neuen Super-Spion auf Putin ansetzen. Aber ihm fehlt noch der letzte Schliff. Ihr habt doch noch aus DDR-Zeiten Spezialisten, die ihn in russischer Lebensart unterrichten können.«
Merkel stimmt zu. Ein Jahr lang bekommt der Spion Unterricht in russischer Sprache und Kultur. Als er perfekt ist, wird er in Moskau eingeschleust. Am ersten Abend geht der Superagent in eine Kneipe und unterhält sich mit einem alten Mütterchen. Nach einer Weile sagt sie: »Du bist kein Russe.«
Der Agent ist geschockt: »Stimmt was nicht mit meinen Moskauer Dialekt?«
»Nein, nein, der ist perfekt. Aber du bist kein Russe.«
Der Spion nimmt eine Balalaika von der Wand, singt russische Volksweisen und tanzt dazu einen Kasatschok.«
»Perfekt! Aber du bist kein Russe.«
Völlig verzweifelt fragt der Agent: »Woran erkennst du das, Mütterchen?«
»Nun«, sagt die Alte, »dein Akzent ist zwar perfekt, du singst wie ein Russe und du tanzt wie ein Russe ...«
»Aber?« fragt der amerikanische Agent.
»Bei uns gibt es keine Schwarzen!«

Si tacuisses

Kluge Leute erkennt man daran, dass sie bei einem Anfall von Dummheit schweigen. Politiker hingegen …

Guido in London

Außenminister Guido Westerwelle ist von der Londoner Journaille schon oft übel mitgespielt worden. Bei seiner nächsten Reise nach England stürzt sich sofort ein Pulk Journalisten auf ihn. Einer fragt: »Werden Sie in London eine Schwulen-Bar besuchen?«
Guido denkt: »Diesmal legen die Burschen mich nicht rein« und antwortet listig: »Gibt es in London Schwulen-Bars?«
Am nächsten Tag im Hotel liest er die Schlagzeile: »Erste Frage Westerwelles: Gibt es in London Schwulen-Bars?«

Wau!

Klaus Wowereit, der Regierende Bürgermeister von Berlin, geht mit seinem Bernhardiner beim neuen Berliner Flughafen spazieren. Plötzlich blitzt und donnert es und eine tiefe Stimme dröhnt aus den Wolken.
»Warum gehst du dauernd mit diesem Ochsen spazieren?«
»Verzeih Herr, das ist kein Ochse, sondern ein Bernhardiner.«
»Klaus«, donnert die Stimme, »mit dir rede ich doch gar nicht.«

Piraten vor

Vor dem Landtag von Nordrhein-Westfalen hält ein Mann einen Piratenpolitiker an.
»Verzeihung, wo ist denn hier der Plenarsaal?«
Der Pirat: »Keine Ahnung, bin selber Abgeordneter!«

Spekulationsblase

Finanzminister Schäuble erklärt, was eine Spekulationsblase ist: »Du machst eine Hühnerfarm auf, weil mit Eiern gerade hohe Preise erzielt werden. Da kommt eine Überschwemmung und alle Hühner ertrinken. – Enten hättest du kaufen sollen!«

Deutschland sinkt
Für mich soll's
Rote Rosen regnen
Sahras Song
Hildegard Knef

Zwerge
auf den Schultern von Zwergen

Steuerreform

Finanzminister Wolfgang Schäuble hat ein stark vereinfachtes Steuersystem entwickelt. Es enthält nur noch zwei Zeilen:

1. Was verdienen Sie?
2. Überweisen Sie es.

Staatsbesuch

Die Sekretärin von Bundeskanzlerin Angela Merkel geht bei einem Staatsbesuch in Frankreich ins Kino. Als das Licht ausgeht, fragt sie den Herrn neben ihr: »Sind Sie ein Mitglied der französischen Regierung?«

»Non, Madame.«

»Sind Sie ein bekannter Industrieller?«

»Non, Madame.«

»Dann nehmen Sie gefälligst die Hand von meinem Knie.«

Reden ist Silber

Steinbrück lässt sich seine Reden versilbern. Andere lassen sich ihr Schweigen vergolden.

Personalien

Merkel

Angela Merkel hat uns überzeugt. Aber wir glauben ihr nicht.

Schröder

Kristina Schröder ist eine Henne, die gackert, wo andere legen.

Seehofer

Tritt eine Idee in Horst Seehofers Kopf, so füllt sie ihn völlig aus, weil keine andere da ist. (Frei nach Montesquieu)

Steinbrück

Peer Steinbrück hat keine Feinde. Aber von seinen Freunden wird er intensiv gehasst. (Frei nach Oskar Wilde)

Rösler

Philipp Rösler hat einen großen Freundeskreis. Alle machen einen großen Bogen um ihn.

Pofalla

Man sagt, Kanzleramtsminister Ronald Profalla sei ein Selfmademan. Man fragt sich nur, warum er sich ausgerechnet so gemacht hat, wie er ist.

Grenze
Ursula von der Leyen an der Grenze.
»Wie heißen Sie«, fragt der Zöllner.
»Ursula von der Leyen.«
»Und Ihr Alter?«
»Der sitzt in Burgdorf-Beinhorn und passt auf unsre Kinder auf.«

Draht in die Hölle
Der amerikanische Präsident Barack Obama zeigt Angela Merkel seine Telefone: »Dies ist der direkte Draht zum Handy von Michelle, das ist die Direktleitung in den Kreml, und das hier verbindet mich direkt mit der Hölle.«
Angela ist begeistert: »Was kostet denn so ein Gespräch mit der Hölle?«
»Eine Minute 3000 Dollar.«
Als Angela wieder in Berlin ist, befiehlt sie Kanzleramtschef Ronald Pofalla: »So ein Telefon will ich auch.«
Kurz darauf steht das Gerät auf Ihrem Schreibtisch. Sie ruft sofort bei Luzifer an und unterhält sich eine Weile mit ihm. Nach dem Gespräch ruft sie gleich im Weißen Haus an.
»Was hat es gekostet?« erkundigt sich Präsident Obama.
»Insgesamt 2 Cent.«
»Was? So billig?«
»Ja, war ein Ortsgespräch im Festnetz.«

Beliebtheit
Kanzlerin Merkel spricht mit dem chinesischen Staatspräsidenten Wen Jiabao über die Beliebtheit ihrer beider Regierungen beim Volk.
»Frau Dr. Merkel, wir haben 1,3 Milliarden Menschen, aber nur etwa 80 Millionen lehnen meine Politik ab.«
»Interessant, bei mir sind das genauso viele!«

Deutschland sinkt

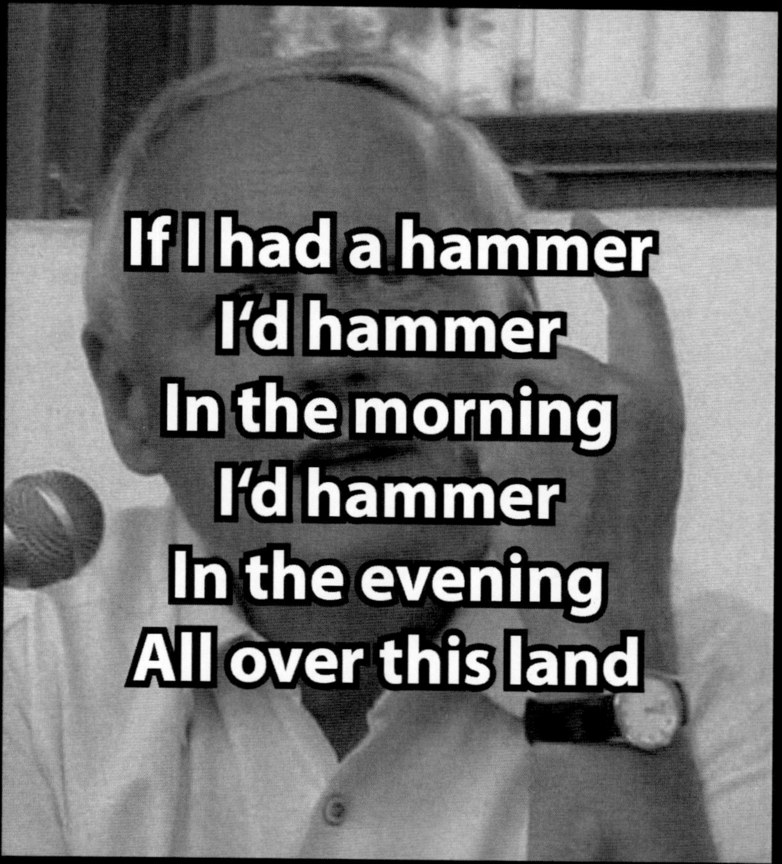

Oskars Song

If I Had A Hammer – Pete Seeger

Alles ist wie es ist,
nur schlechter

Staub
Wahlkämpfer wirbeln Staub auf und behaupten dann, nichts sehen zu können.

Wettrennen
Merkel, zwei kompetente FDP-Politiker und Steinbrück an den Ecken eines Fußballplatzes. Auf Drei sollen sie zu einem Koffer mit 10.000 Euro laufen. Wer zuerst da ist, bekommt das Geld.
Wer gewinnt?
Angela Merkel!
Wieso?
Zwei kompetente FDP-Politiker gibt es nicht. Und Steinbrück läuft für lumpige 10.000 Euro gar nicht erst los.

Trottel
»Hältst du mich für einen Trottel?« fragte Wowereit Steinbrück.
»Nein, Klaus. Aber was ist schon meine Meinung gegen die der ganzen SPD.«

Und jetzt: Die News …

Castor. Bei der gestrigen Demonstration gegen den Castor-Transport waren so viele Menschen, dass die Polizei nicht wusste, wo sie hintreten sollte.

Braunschweig. Der FDP-Fraktionsvorsitzende Rainer Brüderle will überflüssige Pfunde loswerden. Er plant daher, Vizekanzler Rösler rauszuwerfen.

Berlin. Bei einem Einbruch ins Bundeskanzleramt hat ein Dieb ausschließlich Fotografien von Angela Merkel entwendet. Die Polizei bittet die Bevölkerung um Mithilfe bei der Suche. Der Täter braucht dringend Hilfe.

Wiesbaden. Herr Otto Normalverbraucher, bekleidet mit einem grauen Anzug von der Stange, unterwegs mit in einem Mittelklassewagen mit durchschnittlichem Benzinverbrauch, wird dringend gebeten, sich beim Statistischen Bundesamt in Wiesbaden zu melden.

Am Himmelstor

Obama, Putin und Merkel stehen vor dem lieben Gott. Der sagt zu Ihnen: »Ich stelle jedem von euch eine Frage und entscheide dann, ob ihr in den Himmel kommt.«
Zuerst wendet er sich an Obama: »Wer bin ich?«
»Der liebe Gott«, antwortet der und darf in den Himmel.
Als nächstes wird Putin gefragt: »Wer bin ich?«
»Der liebe Gott«, antwortet Putin und darf auch in den Himmel.
Schließlich fragt Gott die Merkel: »Wer bin ich?«
Sie überlegt kurz und sagt dann: »Das ist mir Wurst. Ich weiß nur eins: Sie sitzen auf meinem Platz.«

Spendenskandal

Als Merkel vor X Jahren Kohl ablöste, schenkte der ihr 100 Euro für den Friseur. Bis heute weiß niemand, wo das Geld geblieben ist.

An der Tanke

Ein völlig betrunkener Autofahrer betankt seinen Wagen. Plötzlich kotzt er in hohem Bogen auf den Zapfhahn. Ein anderer nickt:
»Bin politisch genau ihrer Meinung!«

Doppelbegabung

Manche Politiker sind eine Doppelbegabung. Ebenso faul wie dumm.

Haushalt

Unser Staatshaushalt ist wie ein biblisches Wunder: alle nehmen sich etwas, und trotzdem wird er von Jahr zu Jahr größer.

Post, Post Kamerad'n

Bald ist es soweit: Die Deutsche Bundespost befördert nur noch ihre Beamten.

Geld abheben

Vizekanzler Rösler will in einer Bank 1000 Euro abheben.

»Ihren Ausweis bitte«, sagt der Bankangestellte.

Rösler tastet sich ab und schüttelt den Kopf: »Tut mir leid, den habe ich vergessen.«

»Ich bedaure, aber ohne Ausweis…«

»Aber Sie müssen mich doch kennen. Ich bin Vizekanzler Rösler.«

Der Bankangestellte: »Sie sehen so aus wie Vizekanzler Rösler, aber ohne Ausweis … also gut, ich will Ihnen helfen. Neulich wollte unser Star-Golfer Bernhard Langer Geld abheben. Auch ohne Ausweis.

Um zu beweisen, wer er war, nahm er einen Golfschläger und machte einen wundervollen Schlag quer durch den Raum. Da wussten wir, dass er Bernard Langer war.

Dann war die Weltklasse-Geigerin Anne-Sophie Mutter hier. Das gleiche Problem. Da geigte Sie uns ein unglaublich schweres Stück von Paganini vor, und wir wussten: Das ist Anne-Sophie Mutter.

Was können Sie, mein Herr, tun, um zu beweisen, dass sie Vizekanzler Rösler sind?«

Rösler stand lange da und dachte und überlegte. Schließlich sagte er: »Es tut mir leid, mein Hirn ist absolut leer. Ich hab keine Vorstellung, was ich tun könnte.«

»Möchten Sie die 1000 Euro in großen oder kleinen Scheinen, Herr Rösler?«

Klappe

Horst Seehofer hat den größten Mund – weit und breit.

Oh Schland
oh Schland, oh Schland

Seufz!
Kanzlerkandidat Steinbrück und SPD-Chef Gabriel wandern schweigend durch die Straßen Berlins.
Nach einer halben Stunde seufzt Gabriel tief.
Darauf Steinbrück: »Noch ein Wort zu meinen schlechten Wahlchancen und ich hau dir ein paar vor die Fresse!«

Kannibalen
In Afrika wird CSU-Chef Seehofer von Kannibalen gefangen genommen. Nach dem Festmahl wischt sich der Häuptling den Mund ab: »Das Zarteste, was ich bisher gegessen habe. Überhaupt kein Rückgrat.«

Von der Leyen
Ein Reporter fragt Arbeitsministerin von der Leyen: »Frau Ministerin, was sagten sie doch neulich im Bundestag über die Arbeitslosigkeit in den neuen Bundesländern?«
»Ich? Nichts!«
»Natürlich, aber ich wollte wissen, wie sie es formuliert haben.«

Fragen & Antworten

Frage: Was ist ein Meinungsaustausch im Bundeskanzleramt?
Antwort: Wenn Westerwelle mit seiner Meinung zur Kanzlerin geht und mit ihrer wieder rauskommt.

Frage: Wann beginnt für Guido Westerwelle das Morgengrauen?
Antwort: Wenn er in den Spiegel schaut.

Frage: Warum kann man sich als bayerischer Landespolitiker nicht dumm und dämlich verdienen?
Antwort: Das sind die Voraussetzungen, um überhaupt als Kandidat aufgestellt zu werden.

Frage: Was nimmt Peer Steinbrück als Verhütungsmittel?
Antwort: Seine Persönlichkeit.

Frage: Was passiert, wenn Angela Merkel britische Premierministerin wird?
Antwort: Dann geht es England besser. Und Deutschland auch.

Frage: Wieviele Merkelwitze gibt es?
Antwort: Keine. Es handelt sich ausschließlich um Tatsachenberichte.

Deutsche Bank

Bei einer Pressekonferenz wird der Deutsche-Bank-Chef Jürgen Fitschen gefragt: »Sie haben im letzten Quartal große Verluste gemacht. Wie wollen Sie die ausgleichen?«

»Ach, wissen Sie«, beruhigt Fitschen, »für die Deutsche Bank gibt es doch tausend Möglichkeiten an Geld zu kommen, aber natürlich nur eine anständige und ehrliche.«

»Und welche ist das?«

»Darüber zerbrechen wir uns gerade den Kopf.«

Fahndungsfoto

Anfrage der Polizei bei Innenminister Friedrichs: »Wir haben Ihnen ein Fahndungsplatz für den Terroristen Peter Müller mit drei Fotos geschickt. Eins zeigt ihn von vorn, eins von links und eins von rechts. Hab ihr in der Sache schon etwas unternommen?«

Der Innenminister: »Alle drei Männer wurden auf der Flucht erschossen.«

Minimax

Ein Politiker ist ein Dahinredner, der Pausen mit einem Maximum an Minimum füllt.

Arbeitslos

In Berlin treffen sich zwei junge Männer.

»Wo bist du beschäftigt?«

»Nirgendwo!«

»Und was machst du?«

»Nichts!«

»Ist das ein guter Job?«

»Klasse Job. Aber ne Riesenkonkurrenz!«

Status quo

Ein Redner vor dem Bundestag: »Wir müssen den Status quo erhalten!« Fragt ein Zuschauer den anderen: »Was heißt eigentlich *Status quo*?«»Das ist Lateinisch für ‚*die Scheiße, in der wir gerade sitzen*'!«

✿

Berufswunsch

Angela Merkel besucht einen Kindergarten. Ein Mädchen fragt: »Wenn ich groß bin, kann ich dann auch Kanzlerin werden wie du?«
»Nein, Kleines, es kann immer nur eine Kanzlerin geben – und das bin ich doch schon!«

✿

Eindruck

Seehofer, CSU-Parteichef und bayerischer Ministerpräsident, macht anfangs immer einen schlechten Eindruck. Bei näherer Bekanntschaft verliert er dann aber.

✿

Problemlöser

Kanzlerin Merkel, Innenminister Friedrichs, CSU-Chef Seehofer und Außenminister Westerwelle fahren im Konvoi zu einer Wahlkundgebung. Plötzlich liegt einen Baumstamm quer über der Straße. Sie stoppen und beraten, was zu tun ist. Nach einer halben Stunde diskutieren sie immer noch – ohne Ergebnis.
Da taucht ein Bauer mit seinem Traktor auf. Er steigt ab, packt den Baumstamm und schiebt ihn beiseite.
Da winkt Merkel verächtlich ab: »Kunststück, mit Gewalt!«

iGtar ™
Virtuelle Gitarre für Apple iPad ™

iGtar ist eine virtuelle Gitarre – und mehr. Spiel sie wie eine reale Gitarre. Oder drück vorprogrammierte Akkord-Knöpfe.

Zoom den Hals weiter oder enger. Oder wisch zu anderen Bereichen des Halses. iGtar hat Akkordknöpfe für alle Dur- und Molldreiklänge sowie für alle 7-, maj7- und m7-Akkorde – 60 insgesamt. Der Zweifingerzoom entscheidet, wieviele Akkordknöpfe du siehst. Die Buttons sind in Akkordfamilien gruppiert. Akkordgriffe werden auf den Saiten dargestellt. Einfache Folksongs erleichtern den Start im Song-Modus: Texte und Akkorde stehen auf dem Akkordknopf. Das Magic Wheel ist zuständig für die Tonarten. Sounds: Zwei Accustic Guitars, eine E-Gitarre.

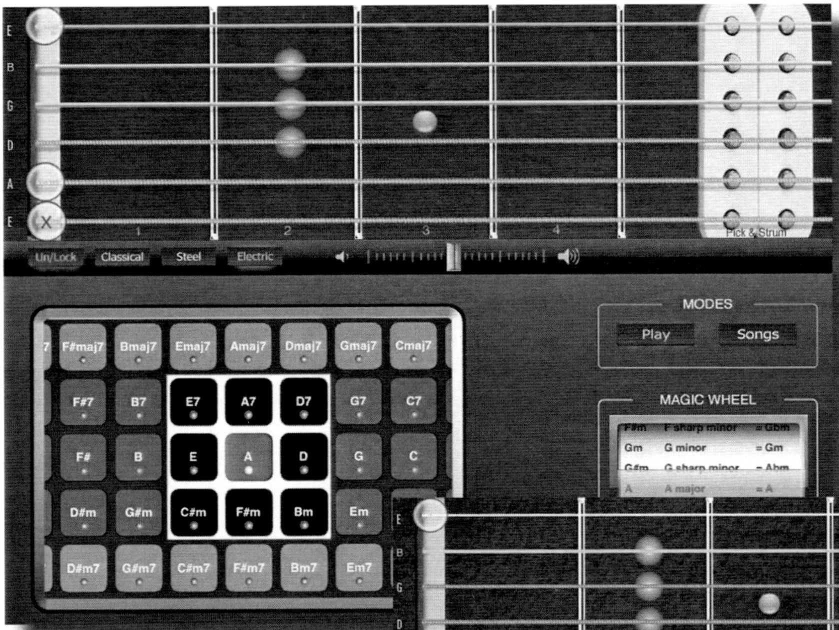

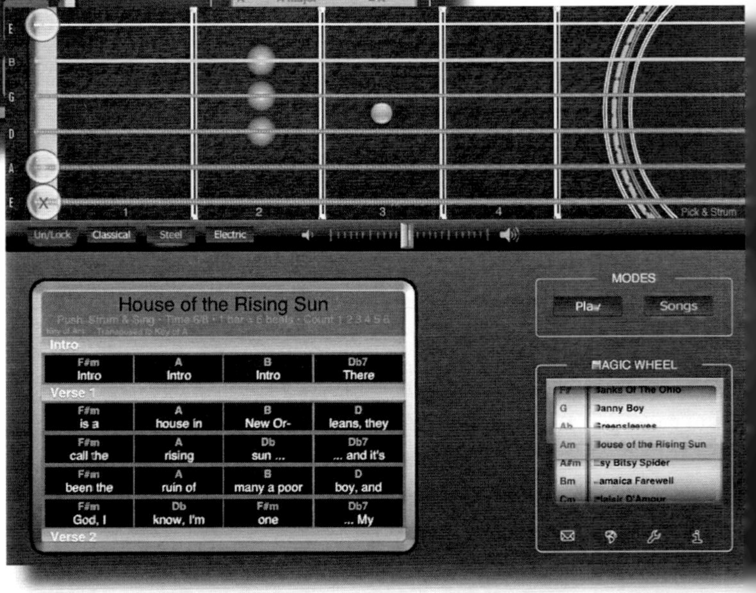

iGtar
Preis: € 4,49
Im Apple App Store™
J.Dreksler, M. Ernst,
B. Ahland-Dreksler

Wunsch-Bullshit im Universum

»Ist esoterisches Extrem-Wünsching Bullshit?« fragen Hugo Egon Balder (Genial daneben) und Jacky Dreksler (RTL Samstag Nacht) in dieser ernsthaften, aber auch satirischen Analyse. Extrem-Wünsching ist die Behauptung: Du kannst alles haben: Geld ohne Arbeit, Jobs ohne Suchen und Parkplätze ohne Mühe. Das liebe Universum gibt es dir. Garantiert. Du musst es dir einfach nur wünschen.

Balder & Dreksler: »Das ist positives Denken auf Crack.«

Nichts gegen positives Denken! Aber dahinter den Theorien der Wünschelwichte verbirgt sich auch eine Weltanschauung, zusammengeklaubt aus Esoterik, Magie und verschiedenen Religionen. Sie behauptet: *Du bist Gott.* Durch das esoterische Gesetz der Anziehung erschaffst du dich und den Kosmos allein durch deine Gedanken.

Balder und Dreksler analysieren die Wunsch-Theorien und vor allem die »Wunder« mit gesundem Menschenverstand, Logik und Humor. Aber hinter dem leichten Ton steckt ein moralisches Anliegen: Die Wünschelwichte, sagen sie, präsentieren sich als Gurus, Magier, Psychologen, Philosophen und Seelsorger. Sie greifen tief ein in das Leben von Menschen, die in Not, krank und verzweifelt sind oder nach dem Sinn ihres Lebens suchen. Die aber bekommen Bullshit statt Lebenshilfe.

Jacky Dreksler, Hugo Egon Balder
Wunsch-Bullshit im Universum.
Broschiert: 160 Seiten, Preis: € 17,90€.
Pacific Productions GmbH
ISBN 978-3-9812015-8-1

Bildnachweis:

Bundesadler (Cover): Fotolia
Dreksler + Balder (S.2 + S. 83): Noemi Dreksler
Deutschland-Karte (S.5): Botaurus-stellaris - GNU Free Documentation License
Angela Merkel (S.9): © Armin LInnartz
Rainer Brüderle (S.15): Matthias Schindler - Public Domain
Philipp Rösler (S. 21): Wikimedia Commons - Creative Commons Attribution 3.0 Unported
Claudia Roth (S.27): © Dirk Vorderstraße - Creative Commons-Lizenz Namensnennung-Weitergabe unter gleichen Bedingungen 2.0 US-amerikanisch (nicht portiert)
Wolfgang Schäuble (S.29): Public Domain - Wikipedia
Christian Wulf (S.35): © Martina Nolte, Creative Commons by-sa-3.0 de
Peer Steinbrück (S.39): Dirk Vorderstraße - Creative Commons Attribution 2.0 Generic
Helmut Schmidt (S.45): Gunter Schenk - unbeschränkte Nutzungsfreigabe
Gregor Gysi (S.51): © TRIALON/Kläber
Jürgen Trittin (S. 57): Bündnis 90/Die Grünen Nordrhein-Westfalen from Düsseldorf, Nordrhein-Westfalen. Crop and color-correction by Daniel Case 2008-12-07, Creative Commons Attribution-Share Alike 2.0 Generic
Sahra Wagenknecht (S. 67): xtranewss.de, Creative Commons Attribution 2.0 Generic
Oskar Lafontaine (S. 71): Gunther Hißler, GNU Free Documentation License
Abbildungen (S. 82 + 83): Jacky Dreksler

Bibliografische Information der Deutschen Nationalbibliothek
Die Deutsche Nationalbibliothek verzeichnet diese Publikation in der Deutschen Nationalbibliografie; detaillierte bibliografische Daten sind im Internet über http://dnb.d-nb.de abrufbar.

Herstellung und Verlag: Pacific Productions
Verlags- und Produktionsgesellschaft mbH
Webseite: www.pacificproductions.com
E-Mail Adresse des Verlags: info@pacificproductions.com
Druck und Auslieferung: Books on Demand GmbH, Norderstedt
Gesetzt aus der Minion Pro und der Myriad Pro
Printed in Germany
ISBN 978-3-9812015-0-5